Texte détérioré — reliure défectueuse

NF Z 43-120-11

La de Colbert N° 15990

[signature]

appartient a m...
d moi Joseph au...

Appartient a m...
a moi Joseph

Vente de Lignerolles.
25 Avril 1894.
125 f.

- fiche analytique
- fiche biblio.(et ms.)?? Angot (Charles),
                           Paris
- fiche de possesseur: Colbert (J.-B.)
                        Lignerolles

détails complémentaires : — au v° du 1ᵉʳ f. de garde,
noté au crayon : "Ex. de Colbert n° 15.990 — 156 f."
— au r° du 2ᵉ f. de garde, à l'encre : " Vente de
Lignerolles 25 avril 1894, 125 f."
— au v° du dernier plat, on a collé la notice n° 2171
du Cat. de vente Lignerolles, 3ᵉ partie, vacation du
25 avril 1894.
— l'ex. a été abîmé et gratté par les inscriptions
griffonnées aux gardes d'un de ses propriétaires : Joseph Auguste
Bouvet 1816.

Réserve in 8° C 29

RELATION
DES MISSIONS
ET DES VOYAGES
DES EVESQUES
VICAIRES APOSTOLIQUES,
ET DE LEURS ECCLESIASTIQUES
és Années 1676. & 1677.

A PARIS,
Chez CHARLES ANGOT, ruë saint Jacques,
au Lyon d'or.

M. DC. LXXX.
Avec Approbation & Privilege du Roy.

A MESSEIGNEURS
LES ARCHEVÊQUES,
EVÊQUES
ET DEPUTEZ
DE L'ASSEMBLE'E
DU CLERGE'
DE FRANCE.

ESSEIGNEVRS,

La Relation que nous donnâmes au public sur la fin de l'année derniere, & que l'on a receüe plus favorablement que nous n'avions osé l'esperer, est encore si récente, que nous ne pensions pas en imprimer si-tôt une autre. Mais le temps de vôtre assemblée nous a fait changer de resolution; & nous avons crû

EPISTRE.

qu'il étoit de nôtre devoir de prendre une conjoncture si favorable, pour vous rendre compte en particulier de la suite d'une entreprise à laquelle depuis son commencement vous avez toûjours eû tant de part.

Nous n'oublîrons jamais le zele que le Clergé fit paroître il y a vingt ans, lors que les premiers Vicaires Apostoliques de la Chine furent choisis en France par le S. Siege: On sçait qu'il n'y en eut qu'un qui fut consacré à Rome par Monseigneur le Cardinal Antoine Barberin; & que les deux autres furent consacrez à Paris, l'un par Monseigneur Bouthillier Archevêque de Tours, & le troisiéme quelque temps aprés par Monseigneur de Harlay, à present Archevêque de Paris, qui estoit pour lors President, comme il l'est encore aujourd'huy.

L'Assemblée voulant rendre ce dernier Sacre plus auguste, députa six Evêques pour l'honorer de leur presence, & tout le monde connut par cette marque d'estime & de bien-veillance, que l'Eglise Gallicane s'interessoit extremement aux progrés de l'Eglise universelle, en concourant autant qu'elle pou-

EPISTRE.

voit avec Rome *à former les Ouvriers Apostoliques, que Dieu destinoit à des emplois si saints & si grands.*

On peut dire que depuis ce temps-là vous avez toûjours regardé cette Mission toute Etrangere qu'elle est, comme l'une de vos affaires; & il ne s'est point passé d'Assemblée où vous n'ayez témoigné avec joye que vous aimiez à la soûtenir.

C'est la gloire particuliere du Clergé de France, d'étendre ainsi sa charité & ses secours jusques sur les Missions les plus éloignées: Car pour ne rien dire icy de tous les faits historiques que les siecles passez nous fournissent, ne vit-on pas il y a peu d'années combien vous estiez animez de ce grand zéle, lorsque trois Patriarches schismatiques, dont le plus connu estoit le celebre André Chef de la Nation Surienne, s'estant disposez à rentrer dans l'unité de l'Eglise Romaine, l'on s'addressa à l'Assemblée de 1665. pour obtenir l'assistance dont ils avoient besoin, & qui leur fut accordée abondamment, aprés qu'on eut entendu sur ce sujet les sçavantes reflexions de Monseigneur l'Archevêque d'Auch.

EPISTRE.

Ce n'est pas une petite consolation pour nous dans l'engagement où nous sommes, de pourvoir aux besoins de nos Evêques & de leurs Missionnaires, de nous representer avec quelle bonté vous avez bien voulu jusqu'icy porter une partie des dépenses qu'il a fallu faire pour étendre l'Empire de JESUS-CHRIST dans les terres Infidelles. Vos premieres liberalitez répondent en quelque façon de ce qu'on doit attendre de vous dans un temps, où les progrés que la Religion fait tous les jours aux Indes ne vous donnent pas lieu de vous repentir de vos bien-faits.

Si les peuples qui les ont receus pouvoient venir s'expliquer à vous, M. M. quelles actions de graces ne vous en rendroient-ils pas, & quel plaisir n'auriez-vous point de voir dans leurs personnes vos largesses si heureusement changées en autant de benedictions miraculeuses!

Mais puisque la grande distance des lieux leur rend cette sorte de reconnoissance impossible; souffrez, M. M. que nous vous en témoignions une autre, en vous presentant dans cette Relation le recit fidele d'une partie des choses

EPISTRE.

que la grace opere en eux par le ministére des Ouvriers Evangeliques qu'on leur envoye.

Ce petit Ouvrage auroit esté plus digne de vous, si nous eussions pû y joindre la version d'un acte authentique que l'on avoit envoyé de Siam, & qui devroit étre arrivé en France il y a déja long-temps: Mais nous croyons qu'asurément ce paquet aura esté perdu par un malheur assez ordinaire dans ces longs voyages.

C'estoit une information, que M. de Berithe avoit faite dans toutes les formes, du martyre de quarante Chrestiens de la Cochichine, par l'ordre du S. Siege, qui vouloit procéder à les declarer martyrs; Et comme on envoyoit l'original de cette piece, la perte qu'on en a faite est irréparable, à moins d'informer tout de nouveau sur les lieux, ou probablement plusieurs des témoins sont morts; & quand ils seroient encore vivans, on ne pourroit pas du moins éviter que les choses ne tirassent fort en longueur.

Si cette piece fut venüe jusqu'à nous, elle auroit esté sans doute d'un ornement considerable à cette Relation: Mais puisque la Providence en a disposé autrement, il faut ado-

ã iiij

EPISTRE.

ver sa conduite, & se contenter des choses qu'elle nous a laissées en nous privant de celle-là. On espere qu'il en restera encore assez pour edifier les personnes qui les liront avec cet esprit de Religion dont vous estes tout remplis; Et nous nous flatons que vous recevrez d'autant plus volontiers le livre qui les contient, qu'il vous sera presenté par M. l'Evêque d'Heliopolis Vicaire Apostolique de la Chine, lequel aprés avoir fait le tour du Monde par un enchaînement merveilleux de diverses avantures, s'est trouvé justement à Rome, lors que sa presence y estoit necessaire pour soustenir les interests de ses Missions auprés du S. Siege; & qui arrive à Paris tout à propos pour vous remercier luy-mesme de l'honneur de vostre protection, & pour aider nostre Seminaire à témoigner à toute l'Assemblée avec combien de respect nous sommes,

MESSEIGNEVRS,

Vos tres-humbles, tres-obeïssants
& tres-obligez serviteurs,
Les Directeurs du Seminaire
des Missions Etrangeres.

PREFACE.

'ON avoit d'abord eû deſſein de renfermer dans cette Relation les nouvelles de trois années ; mais comme l'on n'a pas encore reçeû toutes les Lettres qu'on attendoit de 1678. il a fallu ſe retrancher aux deux années precedentes ; l'Ouvrage en ſera moins long, & peut-eſtre en meſme temps plus agreable : On le diviſe en quatre parties, qui ſeront toutes preſque égales en longueur, excepté la premiere ; mais fort diverſes par la varieté des évenemens ; La premiere eſt de la Cochinchine, la ſeconde du Tonquin, la troiſiéme comprend la Chine, Camboye, & Ciampa, avec les voyages de quelques Miſſionnaires d'Europe aux Indes ; & la derniere conclud par le Royaume de Siam.

Il ſe pourra faire que les curieux n'y trouvent pas aſſez de remarques des choſes naturelles & politiques ; Mais outre que noſtre fin principale eſt de faire connoître l'eſtat des Miſſions, & le travail des Ouvriers ; on prie les Lecteurs de conſiderer, que lorſqu'on fait une Relation, il faut s'en tenir aux Memoires que l'on a entre les mains ; Et quand il ſeroit permis d'y ajoûter ce qu'on voudroit, pour ſatisfaire tout le monde, on ne pourroit jamais contenter ſur cela, les differens gouts ; L'on a veû que dans la Relation de 1679. où les dépêches que l'on avoit reçeües avoient fourny beaucoup de curioſitez profanes, les uns en ont trouvé trop, & les autres encore trop peu ; car l'on a donné ſur cela de divers côtez des avis contraires, dont il eſt impoſſible de profiter.

PREFACE.

L'on s'est plaint aussi de ce que dans cette mesme Relation, lorsque l'on parle des entretiens que les Missionnaires ont souvent avec les Infideles, on ne marque point qu'ils leur annoncent le Mystere de l'Incarnation, ny celuy de la Trinité, mais seulement l'unité de Dieu, comme si cela seul suffisoit ; Ceux qui auroient esté un peu scandalisez de cette conduite, pourront faire reflexion, que les premieres fois que l'on traite de nostre Sainte Religion avec les Idolâtres, l'on commence toûjours par les veritez les plus faciles à croire, pour proposer ensuite les autres, aprés y avoir preparé ceux que l'on instruit : à moins qu'ils ne previennent eux-mesmes en donnant quelque occasion d'entrer dans les Mysteres les plus profonds par les questions qu'ils peuvent faire ; C'est ainsi que l'on verra dans la premiere partie de ce petit Ouvrage, que M. Vachet developpe tout le Mystere de nostre Redemption à un jeune Prince, qui luy demande l'explication des Sacrez noms de Jesus & de Marie dans une premiere conversation.

Au reste cette conversation que l'on a mis fort au long, aussi-bien qu'une autre conference avec trente Bonzes, dont on fait le recit dans un autre Chapitre de la mesme partie, ne sera peut-estre pas regardée comme un entretien tout à fait vray, ny comme un narré fidele de ce qui s'y est dit en effet ; Mais on peut protester avec verité, que quoiqu'on châtie un peu le stile des Missionnaires, qui ont écrit ces sortes de faits, l'on s'attache neantmoins avec exactitude à la substance de leurs pensées, & que l'on suit mesme leurs expressions autant qu'on le peut, en changeant seulement quelquefois l'ordre & la maniere de raconter les circonstances.

Cette protestation de sincerité doit s'étendre sur d'autres faits, qui paroistront, ou miraculeux (comme celuy d'un enfant tenu pour mort, & rendu vivant à

PREFACE.

ses parens par les prieres de M. de Berithe,) où extraordinaires, (comme celuy d'une prétenduë Demoniaque delivrée de sa possession par le mesme Prelat;) ou fabuleuses, comme sont les revolutions de la Chine & de Camboye, où il semble que l'on ait pris à tâche d'inventer des avantures surprenantes pour divertir les Lecteurs. On se doit faire à soy-mesme la justice de declarer par écrit qu'on n'a rien ajoûté aux Memoires envoyez des Indes, qu'un peu d'ornement & de netteté dans le langage ; & que l'on n'abusera jamais de la credulité des personnes, qui se reposent sur la fidelité de ceux qui écrivent.

Il ne reste donc plus qu'à se precautionner sur un point, dont la delicatesse de quelques personnes ayant déja esté choquée dans la derniere Relation, pourroit l'estre encore dans celle-cy ; Il leur a semblé que l'on donnoit en quelques endroits trop de loüanges aux Vicaires Apostoliques, & aux Missionnaires qui travaillent sous leur conduite ; Si on est tombé dans cet excés, on l'a fait sans y penser, & s'il arrive qu'on y retombe à present sans le vouloir, on des-avoüe de bon cœur la faute que l'on peut commettre en cela sans la connoistre : Car on n'a point du tout affecté jusqu'à present, & l'on n'affectera jamais de loüer avec des termes extraordinaires le merite de ces Ouvriers Evangeliques ; Mais on ne croit pas qu'il soit deffendu, au contraire on estime qu'il est juste de les nommer, quand on publie les services qu'ils rendent à Dieu, car en rapportant ce qu'on en mande, on les loüe, non pas tant parce qu'on en dit, que parce qu'ils font ; & cette maniere d'éloge ne doit déplaire à personne, pourveû que celuy qui écrit ne soit pas suspect de mensonge ny de flatterie.

Ainsi l'on espere qu'on ne trouvera pas mauvais si l'on s'est un peu aresté, tantost sur un des Missionnai-

PREFACE.

res, tantoſt ſur l'autre, ſelon qu'on a ſçeu le détail de certaines avantures qui les regardent, & que l'on n'a point appriſes par eux-meſmes ; & aprés avoir gardé en cela, auſſi-bien que dans le reſte, toutes les meſures qu'on a pû d'une juſte moderation, s'il eſt échapé quelque mot, où l'on ſe ſoit un peu oublié, l'on attend de la charité des Lecteurs, qu'ils excuſeront cette faute avec toutes les autres dont on ſe reconnoiſt capable, & l'on tâchera de s'en corriger à l'avenir, s'il eſt poſſible de le faire, quand on en ſera averti.

TABLE
DES CHAPITRES
Contenus en ce Livre.

PREMIERE PARTIE.

CHAP. I. Quelques circonstances de l'arrivée de M. de Berithe à la Cochinchine. pag. 1.

CHAP. II. Quelques faits particuliers arrivez durant la visite de M. de Berithe. 9

CHAP. III. On fait un insulte aux Chrestiens, & l'on en blesse plusieurs. 16

CHAP. IV. M. de Berithe se dispose à retourner à Siam, & il a la consolation de voir tous ses Ouvriers dans l'employ. 23

CHAP. V. Ce que fit M. Vachet aprés le depart de M. de Berithe. 31

CHAP. VI. Continüation des emplois de M. Vachet, aprés la visite de ses Provinces. 38

CHAP. VII. Conference impreveüe de M. Vachet avec trente Bonzes. 45

CHAP. VIII. Autre conversation du mesme Missionnaire avec le Fils aîné du grand Prince. 59

TABLE

CHAP. IX. *Ce qui se passa à la Cochinchine en 1677. avant le depart de M. Vachet pour Siam.* 68

CHAP. X. *De la Guerre de la Cochinchine contre le Tonquin, & les premiers emplois de quelques nouveaux Missionnaires qu'on y envoye.* 73

SECONDE PARTIE.

CHAP. I. *La persecution se renouvelle en ce Royaume, & l'on met en prison plusieurs Chrestiens en 1676.* 81
CHAP. II. *Ce que l'on fit des prisonniers.* 90
CHAP. III. *La persecution de la Cour en produit d'autres dans les Provinces.* 96
CHAP. IV. *Dieu console en plusieurs manieres les Missionnaires Apostoliques.* 104
CHAP. V. *La persecution continüe toûjours un peu dans le Tonquin en 1677. mais l'on ne laisse pas d'y travailler avec fruit.* 116

TROISIE'ME PARTIE.

CHAP. I. *Ce qu'on a decouvert de nouveau des affaires de la Chine.* 131
CHAP. II. *Des Royaumes de Camboye & de Ciampa.* 144

DES CHAPITRES.

CHAP. III. *Les cinq Missionnaires arrivez à Surate en 1675. en partent en 1676. & ils arrivent à Siam.* 154

CHAP. IV. *Embarquement de deux Missionnaires avec un Laïque au Port Loüis pour les Indes Orientales en 1676.* 168

CHAP. V. *Lettres de M. le Roux, écrites de la rade de Malaca à M. Paumard à Surate, & aux Directeurs du Seminaire de Paris, du 8. Ianvier. 1677.* 177

QUATRIE'ME PARTIE.

CHAP. I. MR *de Berithe retourne de la Cochinchine à Siam, & il s'applique au bien general des Missions.* 186

CHAP. II. *Les Evêques font deux nouveaux établissemens dans le Royaume de Siam pour leurs Missionnaires en 1676.* 192

CHAP. III. *Le credit & l'authorité des Vicaires Apostoliques s'affermit de plus en plus dans les lieux de leurs Missions.* 202

CHAP. IV. *M^{rs} le Roux & Paumard arrivent separément à Siam en 1677.* 207

CHAP. V. *Le Roy de Siam continüe ses bontez pour les Evêques, & les Missionnaires avancent les affaires de la Religion dans ses Estats en 1677.* 214

TABLE DES CHAPITRES.

CHAP. VI. *Nouvelles reçeües à Siam de divers endroits en 1676. & 1677.* 221

CHAP. VII. *Conclusion de toute la Relation.* 225

APPROBATION.

J'Ay leû un Livre François, qui porte pour titre, *Relation des Missions & des Voyages des Evêques, Vicaires Apostoliques de la Chine,* où je n'ay rien remarqué que de tres-edifiant, & capable d'inspirer à toutes les personnes de pieté de s'interresser plus que jamais à ce grand Ouvrage de la Propagation de la Foy parmy les peuples éloignez, dont il y est parlé. En Sorbonne le

PIROT.

RELATION

RELATION DES MISSIONS ET DES VOYAGES DES EVESQUES VICAIRES APOSTOLIQUES, ET DE LEURS ECCLESIASTIQUES és Années 1676. & 1677.

PREMIERE PARTIE.

De la Cochinchine.

CHAPITRE PREMIER.

Quelques circonstances de l'arrivée de M. de Berithe à la Cochinchine.

LORS qu'on imprima la derniere Relation sur la fin de l'année passée, l'on eût bien voulu pouvoir mettre plus au long les principales circonstances du Voyage de M. de Berithe à la

Cochinchine en 1675. & du sejour qu'il y fit jusqu'au mois d'Avril 1676. Mais comme les lettres qu'on avoit receuës pour lors ne marquoient pas ce détail, il falut se contenter de dire ce qu'elles contenoient, en attendant qu'on pût en apprendre davantage par les premieres nouvelles qui arriveroient en France. Voicy ce que portent les paquets de 1677. & particulierement vne lettre fort ample de l'un des deux Missionnaires qui accompagnoient M. de Berithe.

Il me semble, dit-il, que je vous écrivis il y a un an avec trop de précipitation sur le voyage de nostre Prelat à la Cochinchine, pour n'estre pas obligé de retoucher avec plus d'exactitude les choses les plus considerables qui s'y passerent. Quelque honnesteté qu'on eût pour nous dans le vaisseau où nous estions, on ne laissa pas d'y souffrir assez pendant la navigation, qui dura deux mois. Dés qu'on fut débarqué à * Faïfo, où nous avons une maison, & où les Etrangers abordent de toutes parts, le premier Gouverneur du Royaume envoya visiter M. de Berithe par son Fils aîné, & à quelques jours de là il y vint luy-mesme en personne avec des presens fort honnestes.

On assembla le plûtost qu'on put les Prêtres & les Catechistes avec quelques personnes prudentes & bien intentionnées pour la Mission, afin de traiter des moyens qu'il faloit

* Port de la Cochinchine.

prendre pour avancer les affaires de la Religion Chrestienne ; & pour cet effet l'on convint de la maniere avec laquelle on se conduiroit à la Cour : En suite de quoy on délibera s'il estoit à propos de choisir dés-lors quelques-uns des Catechistes les plus accomplis pour estre élevez au Sacerdoce.

L'accident qui estoit arrivé depuis peu de la mort du second fils du Roy, retarda extremement les avantages que l'on avoit esperez de la Cour, où l'on s'estoit rendu en diligence. Ce Prince avoit de si grandes qualitez, qu'on le regardoit comme le plus solide appuy de l'Estat, & le Roy son Pere fut si touché de sa perte, qu'il passa plusieurs mois à digerer sa douleur, sans pouvoir se resoudre à voir aucun Etranger.

Cependant le Ministre d'Etat, qui a le département des Etrangers, & qui avoit épousé la sœur du Prince mort, nonobstant le grand deüil où il estoit, nous fit toutes les civilitez imaginables. Il voulut d'office donner avis à son Maistre de l'arrivée de M. de Berithe, qui venoit exprés de Siam par son ordre, & il se chargea de donner à Sa Majesté les presents de cet Evesque, dont elle n'accepta qu'une partie : Elle luy fit dire par son Ministre, en attendant qu'Elle pût luy donner Audience, (comme elle fit depuis dans sa Maison de campagne,) qu'il estoit le bien ve-

A ij

nu, qu'il pouvoit aller librement par tout le Royaume, & y demeurer tant qu'il le jugeroit à propos pour ses desseins. Elle eut mesme la bonté de luy envoyer un present égal en valeur à ceux qu'Elle avoit reçeus de luy; & il est certain qu'on ne pouvoit pas attendre un meilleur accüeil dans la conjoncture presente.

Nous saluâmes ensuite le premier Prince, qui non seulement eût de la joye de voir nôtre Prelat; mais encore il témoigna qu'il seroit fort aise qu'il pût demeurer pour toûjours à la Cochinchine : Presque tout l'entretien fut de la Religion, & je puis en parler avec assurance, puisque j'estois l'Interprete de l'un & de l'autre.

Aprés avoir rendu ces premiers devoirs nous ne pensâmes plus qu'à bien user de la liberté qu'on nous donnoit, & nous eûmes bien-tost dequoy travailler de toute l'étenduë de nos forces aux fonctions de nostre ministere : Il ne fut pas necessaire d'appeller les brebis autour du Pasteur ; elles vinrent d'elles-mesmes avec tant d'ardeur se ranger auprés de luy, qu'il ne pouvoit assez benir Dieu à la veüe d'une émulation si consolante. Pendant quinze jours, ou environ, que tous les Chrêtiens des lieux circonvoisins de la Cour accoururent en foule, tant pour joüir de sa presence, que pour recevoir sa benediction & les

Sacremens de sa main, les occupations furent si grandes, & si continuelles, que M. de Berithe faisant au de là de ce qu'il pouvoit, & souvent n'en pouvant plus, il estoit obligé de se jetter sur son lit par intervalles tout moüillé de sueur, & à peine avoit-il esté quelques momens en cet estat, qu'il faloit se relever promtement pour retourner à l'Eglise, où il estoit attendu par bien des gens.

L'ordre que l'on tâchoit de garder depuis le matin jusqu'au soir, ou plûtost pendant la nuit & le jour, estoit à peu prés celuy-cy. Dés les trois heures du matin M. de Berithe disoit la Messe, & auparavant que de la commencer, il donnoit pour l'ordinaire la Confirmation à ceux qui estoient suffisamment disposez à la recevoir. Il les y preparoit luy-mesme par une instruction qu'il faisoit sur ce Sacrement, à laquelle on joignoit pour l'ordinaire une fervente exhortation sur les quatre fins dernieres, ou sur quelqu'autre sujet propre à les affermir dans la Foy & dans la vertu. Le Sacrifice estant achevé l'on confirmoit encore les personnes qui se presentoient : Et aprés un peu d'action de graces l'on s'appliquoit à écouter les Catechistes qui venoient rendre compte de leurs emplois, & demander la resolution de toutes leurs difficultez ; & comme ils estoient plusieurs qui se succedoient les uns aux autres, souvent il estoit midy avant qu'on eût pû terminer ce qui les regardoit ; car outre qu'il faloit renouveller les Patentes de ceux qui estoient déja Catechistes, il faloit en donner à ceux que l'on créoit de nouveau, & les congedier à mesure qu'on finissoit avec eux. Pendant que M. de Berithe les expedioit, les Missionnaires expliquoient les ceremonies du Baptême à ceux qui le demandoient depuis long-temps, & il estoit communément plus de onze heures, avant que les Prêtres pussent monter à l'Autel, aprés avoir conferé ce Sacrement.

Dés qu'on avoit mangé un morceau on retournoit au travail. On faisoit le petit Catechisme aux plus ignorans : On instruisoit d'une maniere plus élevée les personnes plus capables ; & lors que l'on se mettoit au Confessional sur les cinq heures du soir, on se trouvoit insensiblement à trois heures du matin avec plus de monde à entendre, que l'on n'en avoit entendu jusqu'à cette heure là. Plus on alloit en avant, plus les occupations croissoient, & l'on compta dans un mesme lieu plus de quatre mil cinq cens personnes confirmées, environ trois cens baptisées, sans parler de plusieurs mariages qui furent faits en face d'Eglise, & de quantité de Penitents qui se confesserent, dont on ne remarqua pas le nombre.

Deux raisons nous obligerent à quitter la

Ville Royale pour nous répandre dans les Provinces : La premiere fut la crainte que nous avions qu'on ne prît enfin quelque ombrage contre nous, à cause de la multitude des Chrestiens qui remplissoient nuit & jour une maison si proche du Palais du Roy ; Et la seconde estoit le desir d'aller visiter les autres Fideles pendant qu'on le pouvoit faire avec tant de facilité. Mais aprés s'estre déterminé à cette visite generale, on fut assez embarassé de sçavoir par où l'on commenceroit, & quel ordre il faloit garder dans le choix des lieux.

L'on venoit au devant de nous de tous les côtez du Royaume ; si l'on contentoit les uns, on desobligeoit les autres, on marchoit tout le jour pour les satisfaire tous autant qu'il estoit possible ; & dés qu'on arrivoit le soir en quelqu'endroit, il faloit se mettre au Confessional & passer jusqu'au lendemain matin à instruire, à confesser, à baptiser, à confirmer, sans avoir presque un moment pour prendre un peu de repos, & pour pouvoir dire la Messe ; car dés que le jour paroissoit, on voyoit arriver plusieurs nouveaux Deputez des endroits qui avoient appris nôtre marche, & c'estoit tous les jours une nouvelle contestation à qui nous enleveroit. L'on trouvoit par tout un travail égal, chacun s'efforçant à l'envy de faire paroistre dans son Eglise toute la ferveur dont on est capa-

A iiij

ble dans une Chreſtienté naiſſante à la veuë d'un Evêque qui ne faiſoit que paſſer.

Quatre mois entiers s'écoulerent à parcourir trois Provinces avec tant de benediction & tant d'éclat, que l'on eût dit que tout le Royaume eſtoit Chreſtien, ou qu'il le ſeroit bien-toſt. On n'avoit point encore veu en ſi peu de temps tant de converſions d'idolâtres & de pecheurs; C'eſtoit une choſe agreable de voir tout ce qui ſe paſſoit en chaque Maiſon dans le peu de ſejour qu'on y pouvoit faire. Là des Catechiſtes faiſoient l'inſtruction, qui d'un Sacrement, qui d'un autre; Icy l'on enſeignoit les prieres & les réponſes que devoient faire les adultes qui eſtoient ſur le point de recevoir le Bapteſme. Aucun Ouvrier n'eſtoit oiſif, chacun avoit ſon petit Bureau aſſiegé de monde, & tous marquoient un ſaint empreſſement à ſoulager le Prelat, en preparant les ſujets. Et comme il y avoit ordinairement dans ces Aſſemblées des Officiers du Roy, qui eſtoient Chreſtiens, & qui jugeoient que d'en ſouffrir de trop longues & de trop nombreuſes, c'eſtoit hazarder la Miſſion, nonobſtant la liberté dont on joüiſſoit. Dés que les premiers avoient reçeu les Sacremens, pour leſquels ils eſtoient venus, on les faiſoit ſortir incontinent, afin de faire place aux ſeconds, & les ſeconds aux troiſiémes; & l'on ne pouvoit ſans eſtre touché de compaſſion, voir ſortir avec tant de peine ceux que l'on chaſſoit pour ainſi dire avec violence, tant ils marquoient de triſteſſe en ſe retirant d'un lieu où ils euſſent voulu eſtre toûjours, ſans qu'on pût quaſi leur faire gouter toutes les raiſons de prudence qu'on avoit de les y contraindre pour le bien general de la foy.

CHAPITRE II.

Quelques faits particuliers arrivez durant la viſite de M. de Berithe.

SI ce que l'on doit dire dans ce Chapitre paroît extraordinaire à quelques gens, on les prie de ſe ſouvenir que la main de Dieu n'eſt pas racourcie, qu'il peut faire encore aujourd'huy dans les Egliſes naiſſantes, pour y autoriſer la foy, quelque choſe d'aprochant des merveilles qu'il a faites dans les premiers ſiecles pour la meſme fin; Et que comme il n'eſt pas ſurprenant que dans les Païs où le Demon regne par l'idolatrie, il marque ſa tyrannie par des poſſeſſions, il ne doit pas auſſi paroître incroyable que Jeſus-Chr. voulant y renverſer ſon Empire, y délivre quelques poſſedez par le miniſtere des Evêques & des Prêtres. Avec cette précaution on peut continuër la narration du Miſſionnaire qui accompagnoit

M. de Berithe, & qui protefte avoir efté témoin de ce qu'il en a écrit à peu prés en ces termes.

Il faudroit plûtoft un Livre qu'une fimple Lettre, pour rapporter en détail tout ce qui s'eft fait dans le cours de noftre vifite. Je fçay bien que je vous ferois plaifir de l'entreprendre, mais le peu de loifir que j'ay m'empêche de vous fatisfaire & de me contenter moy-même, & je fuis affuré que vous m'excuferez bien fi je me retranche à deux evenemens qui m'ont paru plus confiderables. Je ne diray rien que je n'aye vû de mes propres yeux, & vous fçavez que je ne fuis pas credule.

Lors que nous étions chez le Sieur Antoine Tho'-mat Cathechifte du fecond Ordre & Oeconome de la Maifon du Grand Prince, un jeune enfant de dix mois eftant tombé malade à l'extremité, & ne donnant plus aucun figne de vie, aprés avoir paffé trois ou quatre jours fans prendre la mamelle, le pere & la mere mariez depuis peu & defolez de cét accident fe fentirent infpirez de porter ce petit corps à M. de Berithe, dans la confiance qu'ils avoient que Dieu pourroit le reffufciter par fes prieres. Ce Prelat, touché de leurs larmes, prit entre fes bras cét enfant, dont tous les membres eftoient froids & fans mouvement, il le mit fur l'Autel, & s'estant prosterné à genoux pour faire oraison, il se releva incontinent, & rendit le fils à la mere, en luy disant de l'allaiter comme auparavant. Aussi-tost ce pauvre innocent la regarda avec un petit soûris, & se colla sur son sein avec toutes les manieres d'un enfant qui se porte tout à fait bien. Il n'y a que Dieu qui sçache s'il estoit vrayement mort, car on ne le fit pas visiter par des Medecins, mais il est toûjours constant qu'il paroissoit tel, & qu'il ne pouvoit passer de l'état où il estoit quand il fut presenté à l'Evêque, à celuy où on le vit aprés que l'on eut prié pour luy, sans que Dieu fît un prodige. De sorte que s'il ne fût pas ressuscité, il fut du moins guéry en un instant sans aucun remede humain.

L'autre merveille se passa dans le mesme lieu, mais elle est d'une espece differente. Un mary pressé par sa mere estoit presque sur le point de repudier sa femme, parce qu'il ne pouvoit en avoir d'enfans; on conseilla aux deux parties de se mettre en bon état en approchant des Sacremens; & comme ils estoient en chemin pour nous venir trouver, la femme, qui jusqu'alors n'avoit jamais fait paroître ny emportement, ny folie, ny possession, & qui dans le fond de son naturel estoit la douceur & la simplicité mesme, sauta aux cheveux de son mary, & luy dit, qu'allons nous faire ?

Retournons-nous-en. Cét homme, quoy que furieusement surpris ne se troubla point, & sans se fâcher d'un outrage qui n'estoit pas fort à son goust, de l'humeur dont il estoit, il prit sa femme par le bras, & la conduisit à l'Eglise, où il la laissa à mes pieds; ils se confesserent l'un & l'autre, & communierent avec beaucoup de devotion, en suite dequoy ils retournerent chez eux. Quelques heures aprés la femme devint müette; ses deux lévres enflerent de deux pouces, & elles se durcirent comme de la pierre, pendant que son mary estoit allé faire un tour en Ville. Il fut extrémement étonné de la retrouver en cét état, & encore davantage de voir que tout à coup elle se jetta sur luy, le prit aux cheveux, & & l'attaqua tout à la fois des pieds, des mains, & des dents, sans qu'il pût presque se défendre, quoy qu'il fût un des plus forts hommes du Royaume. Quelques-uns de nos Escoliers qui se trouverent prés de là, accoururent au bruit, & vinrent nous rapporter ce qu'on disoit de cette femme, qu'assurément elle estoit possedée. M. de Berithe m'y ayant envoyé, elle écarta sans peine tous ceux qui s'éforçoient de la tenir; Et voulant se transporter dans une autre maison, elle s'arresta tout court par l'impression secrette d'une puissance audessus de celle des hommes, pendant qu'une main invisible la batit avec tant de violence, que l'on craignoit tout pour elle. Je vis & j'entendis des choses qui passoient si fort ce que je pouvois m'imaginer, que ne doutant quasi pas de l'operation diabolique, je fus faire mon rapport à nostre Prelat, qui m'y renvoya sur le champ avec sa Croix pectorale ; J'appris à mon retour que le Demon avoit declaré qu'il s'appelloit Lucifer, qu'il avoit douze satellites avec luy, & qu'il ne sortiroit pas à moins que l'Evêque vînt luy-mesme, ou qu'on menast la femme en sa presence ; qu'il l'a possedoit depuis treize ans, quoy qu'il ne se fût point manifesté jusqu'alors, & qu'il seroit obligé de quitter la place ce jour là. On m'ajoûta que comme j'estois encore assez éloigné de la maison, il dit aux assistans de se disposer à recevoir l'Evêque, en disant le voicy qui vient, j'entray en même temps dans la chambre, où la compagnie, qui s'attendoit à voir le Vicaire Apostolique, fut fort surprise de ce que j'estois tout seul, mais le malin esprit reprenant la parole, en riant, Non, non, dit-il, ce n'est pas luy, ce n'est que sa Croix, ie n'ay encore rien à craindre, car je ne suis pas résolu de céder à d'autres qu'à luy. Je ne laissay pas de presenter cette Croix à la femme, qui l'adora & la baisa fort humblement, & elle me la rendit, sans pourtant estre délivrée, le Demon protestant tout haut, que tout ce que je faisois, estoit temps perdu, & qu'il n'obeïroit qu'à la personne de l'Evêque. Puis il découvrit à un nommé Barthelemy, qui estoit du nombre de mes Escoliers, quelques-unes de ses pensées, & se mit un moment après à discourir de la Hierarchie des Anges, avec des expressions si élevées & si éloquentes, que je ne crois pas que jamais homme puisse en parler ou en écrire d'une maniere qui en approche. Je retournay à M. de Berithe pour l'informer de tout ce que qui se passoit; mais il ne voulut pas y aller luy-même, ny souffrir qu'on amenât la femme en sa presence. Il me repliqua donc, avec sa douceur ordinaire, il n'est pas dans l'ordre de recevoir la loy du Demon, c'est à nous à la luy donner, il sortira sans que je m'y transporte, & même sans qu'on me l'ameine. Allez, il est déja sorty & la femme est délivrée: En effet, le Demon marqua sa sortie au même moment que M. de Berithe parloit. Il est vray que ce pere de mensonge se vanta qu'il rentreroit à trois jours de là dans ce même corps, mais on ne s'est point aperceu qu'il ait accomply ses menaces.

Je pourrois aisément vous raconter plusieurs autres choses, mais ce petit échantillon vous suffira pour comprendre combien Dieu fait éclater sa puissance dans les occasions où il le juge necessaire pour donner du crédit aux Predicateurs de son Evangile, & pour attirer les Idolatres à la Foy, en y confirmant les fideles.

Il faut avoüer que ces sortes de consolations, qui tiennent quelque chose du miracle, sont bien capables d'encourager ceux qui en sont les témoins : mais, outre qu'elles ne sont pas frequentes, elles sont mêlées de plusieurs souffrances qui sont inséparables de la vie Apostolique : Car combien pensez-vous qu'il nous ait fallu monter & descendre à pied de rudes montagnes ? Combien a-t-il falu passer de marécages, de sables brûlans, de rivieres, de courans d'eau, de bras de mer? Combien de fois a-t-il falu essuyer les injures du temps, la faim, la soif, les fatigues ? Et par dessus tout cela les attaques des personnes mal intentionnées, qui malgré la bonté avec laquelle le Roy nous souffroit dans son Royaume, n'ont pas laissé de nous persecuter quelquefois, soit par esprit d'avarice dans la veuë de faire quelque bonne capture, soit en haine de la Foy, parce qu'ils ne peuvent souffrir qu'elle fasse de jour en jour de si grands progrés par nos soins. Je vay vous en dire un exemple dans toutes les circonstances dont je pourray me souvenir.

CHAPITRE III.

On fait un insulte aux Chrétiens, & l'on en blesse plusieurs.

ON ne sçait pas tout à fait bien par quelles intrigues un certain homme des plus temeraires de la Cochinchine fut poussé à se saisir des Chrétiens dans la premiere occasion qui seroit favorable à son dessein. Ce malheureux, soit qu'il se sentît appuyé par un des plus grands Seigneurs de l'Etat, dont il estoit frere naturel, soit qu'il se promît un riche butin, s'il pouvoit surprendre les Fideles lors qu'ils seroient assemblez en bon nombre, choisit les Festes de Noël pour executer ce qu'il avoit projetté ; Nous avions marqué la Feste de Saint Jean l'Evangeliste aux pauvres de l'Hôpital de *Faïfo & de Cacham, pour leur administrer les Sacremens dans une maison qui estoit presque toûjours pleine de monde. Quantité d'autres gens de toutes sortes de conditions, qui n'avoient point esté avertis, y vinrent cependant de plusieurs endroits, & l'Assemblée fut ce iour là de trois à quatre cens personnes. Je passay donc la nuit à les instruire, & me trouvant accablé de sommeil, à cause du travail des jours precedens,

* Deux Villes de la Cochinchine.

dents, je pris le temps des deux premieres Messes qu'on devoit dire, pour me reposer un peu. A peine estois-je assoupy, que je m'éveillay en sursaut par le bruit imprêveu que l'on fit au dedans & au dehors de la maison, dont toutes les avenuës avoient esté assiegées par quatre Compagnies de soldats sur les deux ou trois heures aprés minuit; Je courus en diligence à la grande porte, & je l'ouvris brusquement, sans trop faire de reflexion, ne pouvant m'imaginer qu'on eût pû se résoudre à faire une pareille entreprise ; mais j'en fus bien-tôt convaincu, car dés que je parus, je fus arrêté par un soldat qui me prit d'une main à la barbe, & de l'autre leva son épée sur ma teste. Comme ces furieux n'avoient autre chose en la bouche que le nom & l'autorité du Roy (qui pourtant n'avoit pas donné cet ordre.) Je demeuray par respect sans défense entre leurs mains, & je me regarday comme une victime destinée à un sacrifice que je devois assurément desirer avec plus d'ardeur qu'eux-mêmes. Cependant, aprés avoir ainsi payé un tribut de soûmission à la puissance de Dieu dans celle du Prince ; Je crûs que la rage & la cruauté que les soldats exerçoient sur nos brebis à mesure qu'ils s'en rendoient maîtres, me donnoient la liberté de faire quelques efforts pour me dégager, afin d'être en état d'aller défendre les

B

autres; J'entraînay celuy dont j'estois le prisonnier, & deux autres estans venus le soûtenir, je les occupay tous trois à ma detention, & bien-tôt leurs camarades s'attroupans autour de moy, les plus timides de nos Chrétiens eurent le temps de s'échaper, ainsi que je l'avois pretendu; le Commandant vint enfin luy-même à ce gros de gens qui m'environnoient; & ayant paru surpris de voir tant de soldats empêchez à un seul homme, il leur ordonna de me laisser, il les avertit tout haut que l'ordre n'estoit pas contre nous, & il me pria de me retirer dans la Chapelle avec M. de Berithe & M. Mahot, ausquels il me protesta qu'on ne feroit point de mal; mais je m'excusay de faire ce qu'il desiroit, & je luy dis qu'il ne suffisoit pas aux Pasteurs d'estre en assurance, si l'on persecutoit leurs brebis, & que j'estois résolu de ne les pas abandonner dans cette rencontre. Pendant tout ce temps nostre Prelat, comme un bon Pere pourvoyoit autant qu'il pouvoit à la sureté de ses chers enfans, qu'il aime au delà de ce qu'on peut dire. D'abord il en mit une partie dans sa chambre comme dans un azyle inviolable, mais on viola cet azyle, & il falut ceder à la force; La Chapelle estant donc le seul endroit que l'on respectât & où l'on fût en repos, on y renferma tous ceux qui purent y tenir, mais il en resta cinquante-cinq, qui n'ayant plus trouvé de place, furent arreſtez, garotez & chargez de coups en ma preſence ; Je me jettay au milieu d'eux avec un viſage guay : & je leur dis d'un ton ferme, que c'eſtoit purement pour les intereſts de la Foy qu'on leur faiſoit un ſi mauvais traitement, qu'ils ne ſe miſſent point en peine, & que je les accompagnerois par tout à la vie & à la mort. Il faut que j'avoüe en cét endroit que le grand courage qu'ils firent paroître tous, me remplit de conſolation ; Et bien loin de reſſentir quelque mouvement de triſteſſe à la veüe de cét accident inopiné, mon cœur fut tout pénetré de joye en regardant ces genereux Neophytes, comme autant de glorieux Confeſſeurs de la Foy de Jeſus-Chriſt. Je trouvay le moyen de leur ôter leurs Chapelets, leurs Images & leurs Medailles, de peur qu'on ne les prophanât, & je fis mettre dans un lieu à part tous les bleſſez, qui non ſeulement n'avoient pas beſoin d'étre conſolez, mais ils vouloient même que l'on ſe réjoüît avec eux, & ils baiſoient ſans ceſſe avec une dévotion merveilleuſe le ſang qui couloit de leur propre corps, témoignans par là combien ils s'eſtimoient heureux de ſouffrir pour l'intereſt de l'Evangile ; leur eſtat donna une ſainte jalouſie à tous ceux qui n'eurent point de bleſſures, ceux-cy ne pouvans honorer la ſouffrance en eux-mêmes, l'honoroient à l'envy

B ij

dans la personne de leurs freres ; C'estoit à qui déchireroit ses habits pour pouvoir essüier leurs playes, & quoy qu'il y en eût quelques-unes qui estoient considerables à la teste, au front & au visage, chacun eût desiré en avoir de toutes semblables pour pouvoir donner à Dieu les mêmes marques d'amour. Pour moy qui eus l'honneur de les panser, je ne les touchois qu'avec respect, & Nôtre Seigneur benissant mes remedes & mes soins, j'en fis la cure sans peine en fort peu de temps, les fractures mêmes n'ayans pas esté plus de cinq jours à guerir parfaitement.

Durant le temps du plus grand tumulte, il arriva une chose qui étonna plus que tout le reste ces persecuteurs, & qui encouragea fortement les persécutez : Un petit enfant d'un an ne se trouvant plus avec sa mere, qui estoit au nombre des prisonnieres, se plaignit en sa maniere par ses cris de ce qu'on luy avoit ôté son lait; sa sœur aînée, qui n'avoit pas plus de cinq ans, le prit entre ses petits bras, & d'un air aussi assuré que si elle eût esté dans un âge meur, elle luy dit pour l'appaiser, comme s'il eût esté fort raisonnable, Ne pleure pas, mon petit, c'est pour la Loy de Dieu que tu souffres, n'attriste pas par tes larmes nos Freres Chrétiens, & particulierement nôtre pauvre mere, qui est plus vivement touchée de tes cris que de la cruauté des soldats: Cette courte harangue d'une fille encore en enfance, penetra tous les assistans jusqu'au fonds du cœur. Pour moy je ne puis encore m'en souvenir qu'avec une espece de transport; car tout se passa en ma presence, j'ay eu l'enfant entre mes mains, & sa petite sœur à mes pieds.

Le jour estant venu on transfera les prisonniers de l'autre côté de la riviere, pour estre interrogez dans les formes, & j'y aurois esté avec eux selon la parole que je leur en avois donnée, si M. de Berithe n'eût jugé plus à propos pour de tres-bonnes raisons que je demeurasse avec luy. On connut dans la suite que les autheurs de cette entreprise n'avoient point eu d'autre but que de tirer quelque argent en nous faisant un affront; mais ils furent frustrez de leur attente par la qualité de ceux qu'ils saisirent, la Providence ayant voulu que ce fussent tous des pauvres, dont la pluspart estoient estropiez, & les autres eurent assez d'adresse pour le paroître, quoy qu'ils ne le fussent pas : De sorte que toutes leurs veües s'en allerent en fumée, & le fracas d'un evenement si étrange se dissipa en trois ou quatre jours, comme s'il ne fût rien arrivé du tout.

Quelques-uns crurent d'abord que pour prevenir ces sortes d'insultes, il seroit peut-estre à propos d'avoir recours aux Juges pour faire informer de celui-cy ; mais le Gouverneur de la Province, qui estoit également honnête homme & de nos amis, sçachant mieux que nous ce qu'il estoit à propos de faire dans une pareille conjoncture, ne fut pas d'avis que l'on remüât cette affaire, à cause des suites qu'on pouvoit en craindre, & nous nous trouvâmes tres-bien d'avoir suivy ses lumieres, tout s'estant tourné à nous affermir dans les fonctions de nostre ministere, sans avoir fait peine à personne. Il est vray que depuis cette action nôtre Maison de Faïfo fut quelque tems moins frequentée qu'à l'ordinaire, mais il semble que Dieu ne le permit, que pour nous donner un peu de repos dans un tems où nous en avions grand besoin; & bien-tost aprés le concours y fut aussi grand qu'auparavant.

Comme il y a toûjours quelqu'un de nous qui y demeure, la Chapelle fut une Eglise ouverte à tout le monde; l'on y disoit la Messe aprés le Soleil levé, l'on y prêchoit publiquement avec éclat, & l'on y administroit tous les Sacremens sans crainte. Nous sommes, graces à Dieu, connus & estimez du Roy, des Princes, des grands Seigneurs & du peuple; Nous voyageons par tout en habit Ecclesiastique comme en France; personne ne s'oppose plus ouvertement à nos emplois, ny à la Cour, ny dans la plusart des Provinces; Et il semble qu'il ne faille quasi rien pour faire un changement entier de l'Etat en ce qui regarde la

Religion; plaise à Dieu que ce soit dans peu de temps.

CHAPITRE IV.

M. de Berithe se dispose à retourner à Siam, & il a la consolation de voir tous ses Ouvriers dans l'employ.

ENviron huit jours aprés que cette affaire fut assoupie, M. de Berithe fit un second voyage à la Cour, tant pour le service des Chrétiens, que pour obtenir du Roy la liberté de retourner à Siam, où il estoit de la derniere consequence qu'il se rendît au plûtôt pour le bien general des Missions; il eut quelque apprehension que l'on ne m'obligeât à le suivre, & il me faisoit la grace de me dire quelquefois avec beaucoup de bonté, que rien ne manqueroit à sa joye, pourveu qu'il pût me laisser à la Cochinchine, non pas que j'eusse plus de mérite que mes autres Confreres, qui valent tous beaucoup mieux que moy, mais parce que Dieu avoit permis que je fusse assez bien dans l'esprit de plusieurs personnes des plus considerables du Royaume.

Ce que ce Prelat desiroit arriva, le Ministre d'Etat, gendre du Roy, l'estant venu voir avec vn des principaux Gouverneurs des

Provinces, ils le prévinrent tous deux de leur propre mouvement, & luy demanderent comme vne marque de son amitié la chose même qu'il leur auroit demandée par grace ; ils luy firent donc entendre qu'il les obligeroit sensiblement de ne pas m'emmener avec luy, mais de souffrir que je demeurasse dans le Royaume pendant son absence ; & l'on peut juger aisément avec quelle joye on leur accorda ce qu'on souhaitoit plus qu'eux.

La derniere Province que nous visitâmes avant le depart de ce Vicaire Apostolique fut celle de Quangniac, où l'on estoit particulierement attiré par la consideration de ces vertueuses Filles, que nous appellons icy les *Amantes de la Croix*, & dont nous vous avons déja écrit plusieurs fois dans les années precedentes ; Il n'y en avoit pour lors qu'une Maison bien establie, qui estoit composée seulement de douze Sujets, s'estant fixée à ce nombre, & qui subsistoit depuis trois ans dans la plus exacte Observance de ses Regles ; les plus anciennes firent des Vœux publiquement entre les mains de nostre Prelat dans la Paroisse de la sainte Famille, tout proche du bâtiment où elles vivent en communauté, & cette cérémonie fut si devote, qu'elle tira les larmes des yeux de tout le monde. Il se presenta en suite tant de Filles qui desiroient ardamment depuis long temps d'embrasser la même maniere de vie, que l'on se vit obligé d'eriger d'autres Maisons, & je crois qu'à present il y en a trois, où l'on mene une vie aussi parfaite & aussi austere que dans les Monasteres les plus reformez d'Europe: Aussi attribüons nous en partie le progrés que l'Evangile fait tous les jours dans la Cochinchine & dans le Tonquin à la vertu & aux prieres de ces innocentes Vierges, qui sont dans ces deux Royaumes, & qui demandent iour & nuit à Dieu l'entiere conversion des Païs Idolatres, avec une ferveur & une mortification extrême; Nous croyons assurément leur estre redevables du bon-heur avec lequel nous sommes sortis iusqu'à present de toutes les attaques des hommes & des demons: & cependant leur humilité est si grande, qu'elles ne font presque aucun cas de tout ce qu'on estime en elles; & elles ont une si haute idée de nos Religieuses de France, sur le plan que nous leur en faisons quelquefois, que celles qui me sont connuës icy, m'ont souvent conjuré avec de grandes instances de les recommander aux prieres des Communautez que ie connoissois dans ma Patrie, principalement à celles qui tendent à une plus haute perfection, & qui s'élevent au dessus de la foiblesse de leur sexe par un zéle tout Divin: Il leur semble qu'en comparaison de ces ames extraordinaires, elles ne sont que des vermisseaux de terre; elles se le repetent cent fois le jour l'une à l'autre, pour s'exciter toutes à faire toûjours de mieux en mieux par une noble emulation : & c'est avec le plus grand plaisir du monde que je m'acquite en cét endroit de la parole que je leur ay donnée de si bon cœur de demander en leurs noms aux plus saintes Maisons de Paris, & des autres Villes Chrétiennes toute la part qu'elles peuvent faire de leurs richesses spirituelles à des Imitatrices fidelles, qui ne croyent les suivre que de loin, quoy que peut-estre devant Dieu elles égalent leur fidelité; aussi ont-elles besoin qu'on mette des bornes à leur ferveur.

Pendant que M. de Berithe s'employoit si utilement à visiter les cinq plus grandes Provinces qui tiennent le milieu de la Cochinchine, les Chrétiens de quelques autres Provinces venoient chercher le secours, qu'il ne pouvoit porter chez eux, & Mrs de Courtaulin & Bouchard travailloient separément avec pareille benediction dans les deux extrémitez du Royaume. Le premier, qui en est Vicaire General, estoit entré si avant dans les bonnes graces du Generalissime des Armées de terre, dont la residence est sur les frontieres, qu'il l'avoit presque entierement fait résoudre à se convertir; mais lors qu'il fut assez instruit & disposé pour le Batême, il fut arresté tout court par la necessité de se réduire à une seule de ses femmes ; car les soûpirs & les larmes de toutes les autres firent tant d'impression sur son cœur, qu'il n'eût pas le courage de passer outre : & à dire vray c'eût esté un grand miracle, si un vieillard de sa qualité & de sa profession, aprés avoir vécu jusqu'à l'âge de soixante-dix ans dans le Paganisme, & s'estre fortifié durant tant d'années dans le déreglement de la Polygamie, eut executé sans peine la resolution qu'il avoit prise d'y renoncer, pour embrasser une conduite toute opposée & une nouvelle Religion, dont il n'avoit oüy parler que depuis peu. Il y a lieu d'esperer que la semence de la Foy achevera de fructifier dans son ame avec le temps, & quand ce bon-heur n'arriveroit pas, on aura toûjours sujet de benir Dieu de ce qu'on a fait auprés d'un homme de son rang, estant tres-avantageux pour le bien de l'Evangile, qu'il soit convaincu de la verité de sa doctrine & de la sainteté de sa morale, parce qu'il ne refusera pas sa faveur aux Ouvriers Evangeliques, qui sans cela ne pourroient pas visiter, comme ils font, les trois Provinces du Nord ; & qui pourront mesme dans la suite, s'ils sont en assez grand nombre, s'ouvrir par là une entrée facile dans le Royaume de Laos, & planter la Foy chez les Ke-mois, qui sont des peuples montagnards, dont la principale habitation est, pour ainsi dire, sous la dépendance de celuy qui commande sur la frontiére.

Il falut que M. de Courtaulin passât à l'autre extremité du Royaume, pour aller dans la Province de Fumoi, où M. de Berithe luy avoit donné rendez-vous pour se voir avant son depart; Il ne manqua pas de s'y trouver aprés une heureuse marche de quelques mois, ayant fait à pied tout le chemin, sans alterer sa santé, & il s'y joignit à M. Bouchard, qui de son côté n'avançoit pas peu les affaires de la Religion dans cette Province là, quoy qu'il y travaillât encore en secret, ne s'estant pas fait connoître entierement à tout le monde pour ce qu'il estoit; M. de Berithe le manifesta en passant au Gouverneur, qui depuis l'a honoré d'une protection toute speciale, & qui outre qu'il a plusieurs parens Chrétiens, entre lesquels sa fille & son gendre sont, donne luy-mesme quelque esperance de l'être, par la haute estime qu'il a de tous nos misteres.

Ce fut dans ce dernier Gouvetnement que M. de Berithe donna ses derniers ordres aux Prêtres François, & qu'il partagea tout le Royaume entr'eux vers la fin du mois d'Avril. Il mit M. de Courtaulin, comme estant Vicaire General dans le centre, afin d'être également proche de tous les Ouvriers sur lesquels il avoit autorité; Il donna les Provinces de Fumoi & Bô-day à M. Bouchard, celles de

Nuôcman & de Quangniac à M. Mahot, qui devoit l'accompagner jusqu'à Siam, & il me laissa celles de Denh-cat, de Kambin, de Boquin & d'Hoe, où est la Cour; J'y estois si fort occupé lors qu'il partit, que je ne pûs aller recevoir sa benediction, & j'y demeuray fort long temps avant que de pouvoir retourner en nostre Maison de Faïfo.

Au reste, les Chrétiens de sa chere Eglise avoient tant de charmes pour luy, qu'il ne souhaitoit rien tant que de demeurer avec eux pour y consommer ses travaux avec ses jours, mais la parole qu'il avoit donnée au Roy de Siam d'y retourner au plûtôt, jointe aux affaires indispensables qui l'y appelloient, l'obligerent à quiter, pour ainsi dire, malgré luy la Cochinchine, dont il est certain qu'il sortit encore avec plus d'honneur qu'on ne luy en avoit fait à son arrivée, quoy qu'il en eût receu beaucoup.

Il y avoit eu une agreable contestation entre les plus grands Seigneurs, à qui feroit les frais de son embarquement & de sa navigation, le gendre du Roy Ministre d'Etat témoignoit le desirer plus que personne, mais il le céda par honnêteté à nostre Gouverneur, qui a le soin des étrangers, & qui s'en acquita tres-bien. Celui-cy fit équiper une des plus jolies barques du Païs, & il la pourveut à ses frais non seulement de mariniers Chrétiens, mais aussi de toutes sortes de vivres & de commoditez, ajoûtant à tout cela plusieurs presens de tout ce qu'on estime le plus en ce Royaume: ainsi M. de Berithe s'embarqua avec M. Mahot à Faïfo, comblé de civilitez & de biens; & comme il pouvoit disposer absolument de son balon, il s'en servit pour visiter les Provinces du Midy, qui se trouveroient sur sa route, & qui n'avoient pû venir le trouver, à cause des grandes eaux & de la distance des lieux. Les belles dispositions qu'il y vit, ne luy permirent pas de s'en separer si promptement sans un sensible regret; mais outre l'ordre de Dieu, qui est sa Regle & qui fait sa principale loy, il eut dequoy se consoler dans le nombre des Ouvriers qu'il laissoit à la Cochinchine, car il y avoit pour lors trois Prêtres Europeans, trois autres Prêtres naturels du Païs, & cent neuf Catechistes, dont il connoissoit assez la capacité & le zele pour se reposer sur eux pendant quelque tems du soin de toutes ses brebis. Avec cette consolation il se mit en pleine mer, & vogua heureusement jusqu'à Siam, où la barque le rendit à la fin de May, aprés une absence de neuf ou dix mois, dont il en avoit passé sept ou huit dans un grand travail & dans une consolation encore plus grande.

Jusqu'icy ce sont les remarques du Journal de M. Vachet sur le voyage de M. de Berithe à la Cochinchine, & on les donne au public dans cette Relation, afin de supléer à ce qu'on a déja écrit dans celle de l'année passée au Chapitre 7. de la 4. Partie, où l'on pourra voir quelques autres particularitez du même Voyage, que l'on ne juge pas necessaire de repeter en cét endroit.

CHAPITRE V.

Ce que fit M. Vachet aprés le depart de M. de Berithe.

ON vient de voir dans le Chapitre precedent que lors que M. de Berithe estoit sur le point de partir, M. Vachet avoit esté obligé de se rendre en diligence à la Cour, la cause de ce voyage si precipité fut la maladie du troisiéme Officier de la Couronne, Frere du Ministre d'Etat, dont on vouloit qu'il prît soin : Il trouva auprés de luy en arrivant tous les Medecins du Roy avec plusieurs autres des plus habiles & des plus fameux, tous Chinois de nation, qui avec toute leur science ne pouvoient donner aucun soulagement au Malade, parce que le mal estoit un cancer ulceré, dont ils ne connoissoient pas la nature, quoy qu'ils en vissent l'effet sur la mammelle gauche déja toute mangée : de sorte qu'ils avoient recours à je ne sçay combien de superstitions, qui faisoient beaucoup de peine à M. Vachet.

Le troisiéme Prince, gendre du malade, le venoit voir assez souvent; y estant venu un soir, il y rencontra ce Missionnaire, & l'ayant fait asseoir à son côté, il se fit apporter une porcelaine pleine d'eau commune, sur laquelle il brûla quelques papiers blancs, en marmotant tout bas de certains mots que l'on ne pouvoit entendre. Dés que cét Ecclesiastique s'en aperceut, il se leva brusquement & s'éloigna autant qu'il pût: le Prince surpris l'appella, & luy dit qu'il ne sçavoit pas pourquoy un homme aussi civil qu'il étoit, s'étoit retiré d'une maniere si peu conforme aux regles de la bien-séance. Il luy répondit qu'il n'ignoroit pas le respect qui estoit dû à sa personne, mais que la Religion Chrétienne & le caractere Sacerdotal ne luy permettoient pas d'assister à une ceremonie que les Chrétiens estiment diabolique, & qui d'ailleurs leur paroist ridicule & inutile : à quoy il ajoûta, en riant, que ces paroles superstitieuses estoient plus propres à augmenter les maux qu'à les diminüer.

Cette honnête liberté de dire son sentiment eut tout le bon effet que l'on en pouvoit attendre; car le Prince ne se contenta pas de s'abstenir luy-même de faire ce qu'il avoit fait, mais il fit congedier sur le champ tous ceux qui se méloient de ce mal-heureux métier, & qui n'étoient pas en petit nombre. A quatre jours de là là le malade commençoit déja à repofer, à boire, à manger, & à difcourir affez librement, & M. Vachet voyoit avec joye beaucoup d'aparence de le guérir; il fe fentoit même fort encouragé à travailler à cette cure, par l'efperance qu'il avoit d'être écouté fur la Religion, lors que quelques Prêtres d'Idoles dirent à la mere de ce pauvre Prince, que quatre perfonnes eftoient mortes de fes remedes: De forte qu'un matin, lors qu'il y penfoit le moins, ayant difpofé fon appareil, on vint le remercier de fes fervices avec de grands complimens, & on luy offrit pour récompenfe une fomme confiderable, fans luy rien dire du fujet d'un changement fi fubit: Il ne voulut rien prendre de ce qu'on luy prefentoit, & il protefta qu'il luy eftoit expreffément défendu par fes Superieurs de pretendre aucun autre gain de la guérifon des corps, que la converfion des ames, & que n'ayant agy que par charité, il n'attendoit point d'autre payement de fes foins que l'avantage de faire connoître Dieu à tous ceux qui ne le connoiffoient pas, & de les rendre capables de le poffeder eternellement avec luy dans le fejour des Bien-heureux.

Comme tout cela s'eftoit fait à l'infceu du malade, dés qu'il l'apprit, il mit fon monde en campagne pour rappeller M. Vachet, qui trouva fa playe toute changée depuis deux iours: Il l'entreprit donc pour une feconde fois

& à dix jours de là, avec l'aide extraordinaire de Nôtre Seigneur, il ne paroissoit quasi plus d'ulcere, quoy qu'il eût une palme de diamettre. Le Prince se croyant toutafait hors d'affaire ne voulut plus se servir de remedes exterieurs, & parce qu'il estoit fort sanguin, il luy vint du côté droit un abcés horrible, qui croissoit de jour en jour à veüe d'œil, M. Vachet vit bien qu'il faloit l'ouvrir, & il en fit la proposition, en s'obligeant de le guerir en quinze jours : toute la Cour crût que c'estoit le party qu'il faloit prendre, & les Medecins mêmes y donnoient les mains; mais comme les Cochinchinois, & sur tout les personnes de qualité ont une horreur extraordinaire pour toutes les operations de Chirurgie, où l'on parle de rasoirs ; de ciseaux & de lancettes, on prit trois jours pour se resoudre toutafait à en venir là. Ce terme n'estoit pas encore écoulé, lors qu'un vieux Medecin Chinois arriva, dés qu'il eut vû le Prince dans son lit, & qu'il luy eut tasté le pouls, il se fit fort de venir à bout de ce mal en vingt-cinq jours, sans faire aucune incision. Le Ministre d'Etat, qui prenoit plus d'interest que personne à la chose, se laissa gagner par cét imposteur, & il fit tout ce qu'il pût pour obliger M. Vachet à reconnoistre qu'on pouvoit se fier à ce nouveau Medecin ; mais il luy dit qu'il ne pouvoit parler contre sa pensée, que la personne qui estoit en peril estoit trop chere à l'Etat pour l'abandonner ainsi à un inconnu, & qu'à moins de se servir de remedes exterieurs, il ne croyoit pas qu'il pût vivre plus de vingt jours; En suite dequoy il prit son congé, & il se retira le Mercredy Saint fort à propos pour passer le reste de la semaine plus saintement & plus utilement pour les Fideles.

Jamais, dit-il, les jours de la Passion du Fils de Dieu & les Festes de Pasques ne s'étoient passées icy avec tant de solemnité que nous les allâmes; J'avois tous les jours sept à huit cens Chrétiens dans nostre Chapelle, outre ceux qui ne pouvant y tenir, s'assembloient dans six autres Maisons, qui servoient de suplément ; Nous ne manquâmes à rien de tout ce qui se pratique durant ce saint temps dans les Etats les plus Catholiques; le Saint Sacrement fut mis dans un Reposoir depuis le Jeudy jusqu'au Vendredy, & les Fideles y venoient faire leurs Stations sans crainte, quoy que ce fût tout proche du Palais du Roy & de la Maison du Grand Prince, qui estoient bien informez de ce qui se passoit.

Cependant le malade, que j'avois abandonné, mourut à point nommé le dix neufiéme jour, apres que j'eus asseuré qu'il ne vivroit pas vingt jours, s'il se fioit au Medecin Chinois ; son frere & son gendre en porterent aussi-tôt la nouvelle au Roy, qui leur sceut fort mauvais gré de ce qu'ils ne m'avoient pas crû, & il leur dit qu'ils avoient fait une faute irreparable de s'eftre confiez à un autre qu'à moy, & que je l'aurois infailliblement guery, puis que je m'y eftois engagé, n'eftant pas probable qu'aprés avoir tant donné de preuves de fincerité & d'habileté, j'euffe voulu promettre ce qui ne m'auroit pas paru moralement certain. J'apris tout ce détail de la propre bouche du Miniftre d'Etat & du Prince, qui dans une petite indifpofition que j'eus, me fit l'honneur de me venir voir. Il eut la curiofité de vifiter mes ornemens d'Eglife & mes Images de devotion, & pour me faire connoître qu'il n'ignoroit pas noftre fainte Religion, il fit le figne de la Croix en ma prefence, & recita l'Oraifon Dominicale, la Salutation Angelique, & le Symbole des Apôtres en fa langue. La joye que j'en reffentis n'aida pas peu à rétablir ma fanté, & n'ayant plus rien à faire à la Cour, je retournay dans noftre Maifon de Faïfo, où je ne demeuray que pour y donner quelques ordres avant que de commencer les vifites que j'avois deffein de faire, il me falut plus de quatre mois pour les faire toutes, quoy que je ne fuffe pas plus de trois jours en chaque lieu: Ce fut dans cette courfe que je connus mieux que jamais les progrés de l'Evangile dans nos Miffions, ayant trouvé des villages de trois à quatre cens habitans, qui depuis deux ans s'estoient entierement convertis, quoy qu'auparavant il n'y eût que trois ou quatre Chrétiens.

Passant d'un Bailliage à un autre, je rencontray six Gentils, qui dés qu'ils me virent se prosternerent à terre, & me salüerent à la maniere des autres Fideles. Pour moy je me persuaday qu'ils l'estoient déja, & voulant m'informer du nom qu'ils avoient receu au Batéme, ils me declarerent qu'ils n'avoient pas l'avantage que je pensois; que la passion qu'ils avoient de se le procurer, les avoit obligez à me venir couper chemin, ayant apris que je devois passer par là, & qu'ils venoient à mes pieds pour me demander avec instance la grace d'aller batiser tout leur village; Je les interrogeay pour voir s'ils estoient instruits, je trouvay qu'ils en sçavoient autant que les plus anciens Chrétiens, & surpris de leurs réponses, je leur demanday quel Maître leur avoit si bien enseigné tant de choses, ils me répondirent qu'ils n'avoient point eu d'autre Maître que moy-même; qu'à la verité ils ne m'avoient jamais vû ni entendu ni connu aucun Chrétien qui eût vêcu parmy eux, mais qu'ils avoient apris ma doctrine dans quelques petits Livres qui leur estoient tombez entre les mains. J'adoray la Divine Providence dans un évenement si agreable, & rompant les mesures que j'avois prises pour continüer mes visites je suivis ces pauvres Payens dans leur Aldée, (c'est à dire dans leur habitation,) j'y sejournay trois jours, & j'y batisay tout le monde, sans en excepter un seul, parce qu'il n'y en avoit aucun qui n'eût l'instruction & la disposition plus que necessaire ; Puis je leur donnay pour chef celuy d'entr'eux, qui n'estant encore que Gentil leur avoit servy d'Apôtre, & & je l'appellay Jean Baptiste, d'autant qu'il avoit esté comme le Precurseur des Ministres de Jesus-Christ: Cét homme enflammé d'un nouveau zele me conduisit sur le champ à une autre petite Aldée voisine, où je fus un jour & une nuit à catechiser : ce petit travail produisit quelque temps apres la conversion entiere du lieu. En verité on peut bien dire que c'est l'ouvrage de Dieu même d'vne façon toute speciale, puisque les hommes y ont eu si peu de part, & qu'ils n'y ont presque pas contribüé de la maniere ordinaire.

CHAPITRE VI.

Continuation des emplois de M. Vachet, apres la visite de ses Provinces.

CE Missionnaire ayant parcouru les trois Provinces de Banngè, de Cham & de Quang nhiac, il estoit sur le point de retourner à Faïfo, lors qu'il apprit que M. de Courtaulin Vicaire General du Royaume estoit tombé malade à l'extremité à plus de soixante lieües de l'endroit où il estoit. D'abord il voulut l'aller secourir en diligence, mais on l'assura en même temps qu'il estoit hors de danger; Et en effet il vint luy-même trouver M. Vachet quelque temps aprés en pleine santé.

Dés qu'il fut arrivé, M. Vachet le pria de luy permettre d'entreprendre une Mission dans un certain canton, qu'on appelle la Montagne, où l'on dit qu'aucun Missionnaire Europeen n'a point encore travaillé : mais quoy que M. de Courtaulin jugeât cette Mission tres-importante & tres-utile, il fit de grandes difficultez d'y envoyer l'Ouvrier qui s'offroit de si bon cœur, tant à cause de la foiblesse qui luy restoit de ses longues maladies, que parce que tout le monde disoit que les eaux de ce Païs là estoient en quelque façon mortelles à ceux qui n'y estoient pas accoûtumez. Cependant aprés avoir recommandé l'affaire à Nostre Seigneur, ils se sentirent tous deux si fortement inspirez de passer par-dessus les regles ordinaires de la prudence humaine, dans le besoin extrême de tant d'ames abandonnées, que sans deliberer davantage, ils se separerent, & M. Vachet partit bien content & bien resolu de s'exposer à tout pour annoncer l'Evangile à ceux qui n'en avoient point

oüy parler jusqu'alors. Une si genereuse resolution sembloit promettre vn grand succés,
mais la Providence Divine en ordonna autrement; Il est vray que ce Missionnaire s'avan-
ça dans les Montagnes plus de sept jours de
chemin, & qu'il trouva par tout un peuple qui
recevoit la premiere semence de l'Evangile
avec autant d'avidité, qu'on la jettoit avec joye,
mais il falut en demeurer là.

Ce peuple, dit-il, est partie Cochinchinois, &
partie d'une nation dont le nom ne m'est connu, & dont la langue, l'habit, les mœurs & la
Religion sont toutes differentes de la Cochinchine; chaque village a son Seigneur particulier, qui pourtant est soûmis au Roy & qui
luy paye tribut : Toute leur Religion consiste
principalement dans l'adoration du Ciel &
dans le respect qu'ils rendent aux morts : Ils
ont cela de conforme avec les Juifs que les
veuves doivent estre épousées par le plus proche parent du defunt, mais cette obligation
n'est pas si étroite que les deux parties n'en
soient dispensées, en payant par le refusant
l'amende commune, qui est une vache ou un
pourceau. J'en ay déja batisé plusieurs, qui
paroissoient encore plus zelez que les Cochinchinois convertis, & qui en verité ont je ne
sçay quoy de la simplicité & de la ferveur des
premiers Chrétiens de l'Eglise, aussi feroient-
ils rougir de honte ceux qui ayans receu tant

de graces auparavant eux en Europe, en abu-
sent d'vne maniere si déplorable. Outre le
progrés que l'on pourra faire avec le temps
parmy ce bon Peuple, leur Païs nous donne
une entrée facile dans le grand Royaume de
Laos, où la Foy n'a point esté prêchée jusqu'à
present, quoy que les Sujets de cét Etat soient
fort consiberez entre les Orientaux. Peut-
estre que si Dieu me donne des forces, je
pourrois bien estre un jour destiné à cette Mission, & j'avoüe que j'y sens beaucoup d'attrait.
Jusqu'icy ce sont les paroles de M. Vachet, lequel ayant conçu de grandes esperances de
pouvoir continuer avec fruit ses travaux dans le
Païs de la Montagne, fut arresté tout court
par une espece de petit deluge, qui fit de tous
côtez des torrens si rapides, qu'il falut malgré
qu'il en eût retourner promptement sur ses
pas, & se retirer à Faïfo pour se sauver du peril, encore ne pût-il pas faire cette retraite sans
courir plusieurs fois risque de la vie.

A peine avoit-il échapé la mort de ce côté-
là, qu'il pensa mourir de maladie ; car deux
jours aprés son arrivée à la Maison des Missionnaires, il fut attaqué d'une fiévre chaude si
violente & si bigearre dans ses accidens que
l'on ne crut pas qu'il pût y resister, & neanmoins elle le quitta au vingtiéme jour, & il se
rétablit peu à peu. Il estoit encore convales-
cent, lors que M. de Mahot qui avoit accom-

pagné M. de Berithe jusqu'à Siam, revint à la Cochinchine par son ordre : de sorte que M. Vachet se vit obligé peu de jours après de partir avec luy pour la Cour, où il faloit traiter quelques affaires temporelles de la Mission, & rendre les Lettres que ce Prelat écrivoit aux deux Grands Princes, & au Ministre d'Etat, gendre du Roy.

Ce dernier relevoit aussi d'une longue & dangereuse maladie lors qu'on fut à son Palais, & il avoit assemblé ce jour-là mesme environ trente Bonzes tant Chinois que Cochinchinois, pour faire la ceremonie d'un grand Sacrifice qu'il vouloit offrir, parce que c'estoit le jour de sa grande Feste, & peut-estre aussi parce qu'il avoit dessein de demander à ses Dieux une parfaite guerison. Les Missionnaires s'estans retirez, aprés luy avoir fait la reverence, on vint aussi-tost de sa part rappeller M. Vachet, qui fut bien surpris lors que l'on le fit entrer dans cette grande assemblée, où il trouva grand nombre de personnes de qualité: dés qu'il parut on luy fit apporter un siege, contre la coûtume du Païs ; car il n'y a que le President des Bonzes qui ait droit d'en avoir un, pendant que le reste de la Compagnie est à terre sur des nattes ; mais le premier Secretaire du Maistre de la Maison avoit eu la prevoyance de placer le Prêtre Chrétien en égalité avec le Prêtre Idolatre, & Dieu le permit ainsi, afin que les Ministres du Demon n'eussent aucun avantage sur les Ministres de Jesus-Christ, & que l'on fit au moins autant d'honneur à la verité qu'au mensonge : Ils estoient donc tous deux en mesme ligne aux deux angles du haut de la salle, l'un à la droite, & l'autre à la gauche.

D'abord on se rendit quelques civilitez de part & d'autre d'une maniere fort honnête, puis le gendre du Roy demanda par grace au Missionnaire de vouloir bien donner à la Compagnie vne idée generale de la Foy dont il faisoit profession ; Et il luy fit entendre que comme il n'étoit pas facile d'assembler tous les jours des Prêtres Chinois auec des Prêtres Europeans, il estoit de l'interest public de se servir de l'occasion favorable qui se presentoit d'annoncer les principaux points d'une Religion que l'on disoit estre absolument necessaire pour le salut, comme estant la seule veritable.

M. Vachet se voyant dans l'heureuse necessité de parler sans preparation sur un sujet si important, il s'appuya uniquement sur la promesse que Jesus-Christ a faite dans l'Evangile de donner dans ces sortes de conjonctures aux Ouvriers Apostoliques des pensées justes & des paroles convenables pour declarer ses Mysteres. Il éleva donc son cœur à Dieu avec beaucoup de confiance, & aprés luy avoir demandé le secours de son Divin Esprit pour rendre ce témoignage authentique à nôtre sainte Foy, il commença la conversation par un petit remerciment de l'honneur qu'on luy faisoit de vouloir bien l'écouter dans une assemblée aussi celebre que celle où il se trouvoit ; il fit en suite quelques excuses par avance sur les fautes d'expression qu'il ne croyoit pas pouvoir éviter en parlant une langue qui luy estoit étrangere sur des matieres de Religion, où il auroit falu des termes choisis & particuliers pour pouvoir s'expliquer avec justesse ; Enfin, il pria les Bonzes de luy pardonner s'il ne se servoit pas de la langue des Lettrés, dont il n'estoit pas assez instruit, & de trouver bon qu'il usât du langage commun du peuple Cochinchinois, afin d'être plus intelligible à tout le monde. On vit assez à l'air de la Compagnie qu'on luy sçavoit bon gré de toutes ces précautions ; on luy témoigna même que l'on seroit content de tout, & qu'il pouvoit en user comme il luy plairoit.

Il a remarqué dans son Journal que l'on doit observer particulierement deux choses dans ces sortes de disputes : La premiere est de conserver, autant qu'on peut, un même ton de voix avec un visage égal, sans jamais faire paroître le moindre mépris pour les demandes ou les réponses des Prêtres Idolatres, ce qui seroit capable de ruïner tout ; mais au contraire il est à propos de les écouter d'un air si respectueux, qu'ils ayent sujet de croire qu'on estime leur personne, & que l'on fait cas des difficultez qu'ils proposent. La seconde est de traiter avec eux par des raisons sensibles, qui frapent l'imagination & qui sont au goût du vulgaire, & non pas par des raisonnemens subtils de Philosophie & de Theologie, qui ont pour l'ordinaire deux inconveniens tres-considerables, l'un qu'il est difficile de les exprimer dans une langue étrangere, sans leur ôter une partie de leur grace & de leur force : & l'autre, que quand même on pourroit les mettre dans tout leur jour, le peuple, ny le commun des Bonzes n'est pas capable de les goûter, & il n'y a qu'un fort petit nombre des plus habiles Chinois qui pût y entendre quelque chose.

Il seroit assez agreable de sçavoir entierement le détail de tout ce qui se fit dans cette action, mais il faut se contenter de ce que M. Vachet en a écrit à peu prés en ces termes.

CHAPITRE VII.

Conference impreveuë de M. Vachet avec trente Bonzes.

JE parlay, dit-il, plus de trois heures sans estre interrompu que par quelques objections que l'on me fit de temps en temps, &

le principal sujet de l'entretien fut la necessité d'admettre un seul Dieu Createur de l'Univers infiniment bon, sage, puissant, saint, misericordieux, juste, qui sçait tout, qui voit tout, qui gouverne tout.

Ils me nierent que le Ciel & la Terre eussent un commencement & un principe, & ils soûtinrent que quand il auroit esté necessaire de reconnoître quelque cause universelle du monde, il n'en faloit point admettre d'autre que le cas fortuit, qui avoit disposé par hazard toutes les choses que nous voyons.

Je leur dis que je m'étonnois que des Disciples de Confucius donnassent un démenty si solemnel à leur Maître, dont la doctrine estoit en veneration dans la Chine, dans la Cochinchine & dans le Tonquin, & qui rapporte en termes formels le temps de la creation ; Qu'à la verité il ne convenoit pas avec nous dans la suputation qu'il en a faite : mais qu'il demeuroit d'accord qu'il n'y avoit aucun Etre avant un certain nombre de siecles, & que par consequent il avoit crû que tous les Etres avoient un commencement, puis qu'il estoit incontestable selon leurs propres principes, que tout ce qui est, & qui autrefois n'estoit pas, a commencé d'être.

Qu'au reste il ne faloit qu'un peu de bon sens pour se détromper de l'erreur qui attribuëroit au hazard la production & l'arrangement de toutes les parties d'un tout aussi beau qu'est l'Univers ; Que sa seule veüe estoit la preuve infaillible de son Auteur & la demonstration sensible de la sagesse infinie qui l'a formé : Car enfin, Messieurs, leur disois-je, y a-il quelqu'un de vous qui pût s'imaginer, que cette maison où nous sommes assemblez & où nous discourons presentement se soit bâtie d'elle-même par je ne sçay quel monvement fortuit de plusieurs choses qui se seroient placées par accident ? Cependant il s'en faut beaucoup qu'elle soit aussi bien proportionnée dans ses parties, aussi achevée dans sa structure, aussi riche dans ses ornemens, & aussi diversifiée dans sa matiere & dans sa forme que le bâtiment magnifique de ce grand Monde. Si l'on peut donc raisonner des grandes choses par proportion sur le même pied que des petites, comment oserons nous dire qu'un Ouvrage aussi parfait qu'est le Globe Celeste & Terrestre n'ait ny Ouvrier ny Maître ? puis que nous prendrions pour un réveur quiconque nous asureroit que ce Palais tout petit qu'il est en comparaison de l'Univers n'a point eu d'Architecte, & n'est à personne. Il ne faut que le regarder pour estre convaincu que c'est un habile Ouvrier qui l'a bâty, & qu'il appartient assurément à un Grand Seigneur. Comment donc pourroit-il tomber dans un esprit un peu solide, que la Machine admirable du Ciel &

de la Terre n'eſt pas la production ſurprenante d'un eſprit infiniment plus éclairé que celuy de tous les hommes, & la Maiſon plus que Royale du plus grand de tous les Princes?

Vous me dites qu'il y a bien de la differen-ce entre ces deux Palais : que nous connoiſſons les Ouvriers & les Maîtres des maiſons qui ſont habitées, & que nous ſçavons par experience que ce ſont de certains hommes qu'on a vûs & qu'on voit encore peut-eſtre parmy les autres, mais que perſonne n'a jamais veû ny l'Architecte ny le Seigneur du Monde ; Et qu'ainſi de dire qu'il y en a un, c'eſt deviner. A cela j'ay une réponſe facile, je vous demande s'il n'y a que les choſes que l'on voit qui ſoient certaines? Avez-vous jamais veu l'Empereur de la Chine, ou connu quelqu'un qui l'ait vû ? D'où vient donc que vous ne doutez pas qu'il y en ait un? C'eſt aſſurement parce que vous l'entendez dire à tous ceux qui vous en parlent comme d'une choſe certaine, & quand perſonne ne vous en parleroit, il ſuffiroit pour vous en convaincre de vous expoſer ſimplement de quelle maniere & avec quelle police le peuple vit dans ce grand Empire, vous concluëriez auſſi-toſt qu'il faut qu'il y ait quelqu'un qui le gouverne. Ainſi quoy que vos yeux n'ayent pas vû le Dieu du Ciel & de la Terre, il ne s'enſuit pas qu'il n'y en ait

point

point, il faut plutoſt vous en rapporter à ceux qui viennent vous annoncer de ſa part qu'il y en a un ; Et quand nous nous en tairions, vous n'auriez qu'à interroger les creatures & les conſiderer attentivement, toutes müettes qu'elles ſont, elles vous rendroient un témoignage éclatant de celuy qui les a faites, n'étant pas poſſible de ſe figurer qu'elles ſe ſoient faites elles-mêmes : D'où il s'enſuit qu'elles ſont ſorties de la main de quelque ſçavant Artiſan, qui en doit eſtre le Souverain par le droit eſſentiel de la creation ; mais quoy qu'il en ait le domaine, il nous en donne l'uſage; c'eſt pour l'homme qu'il a bâty ce beau Palais, dont il n'avoit pas beſoin pour luy-même ; c'eſt dans cette Maiſon que l'homme eſt logé & entretenu aux dépens de Dieu, à qui il eſt redevable de tout.

De là vous pouvez aiſément comprendre avec combien peu de fondement vous nous reprochez que nous défendons d'adorer, de remercier & de prier le Ciel, comme ſi nous avions grand tort en cela : Car dites-moy, je vous prie, vous eſt-il jamais venu en penſée d'adreſſer vos complimens, vos actions de graces & vos prieres au logis dans lequel vous vous eſtes trouvez quelquefois, lors qu'il faiſoit du vent, de la pluye, du froid & du chaud, ſous pretexte que c'eſtoit ce logis qui vous avoit paré de toutes les injures de l'air? N'avez-vous pas toûjours estimé qu'il faloit tourner toutes vos reconnoissances vers le Maître? Et n'est-ce pas là vôtre pratique ordinaire? Lors que vous retournerez chez vous dans quelques jours l'on vous embarquera dans un grand balon qui vous fera voguer sur l'eau; Que diroit-on si à la sortie de cette barque on voyoit que vous luy fissiez la reverence, & que vous dissiez à haute voix, Balon qui nous as porté, Rames qui avez ramé, Gouvernail qui nous as conduits, nous vous remercions, c'est à vous à qui nous sommes obligez de nôtre voyage? Si vous condamnez cette idée comme une chose ridicule, & si vous estes persuadez que l'on a l'obligation toute entiere au Maître du balon, comment ne voyez-vous pas que c'est un aveuglement pitoyable de remercier le Ciel & la Terre, au lieu de remercier le Seigneur qui nous en donne les utilitez? Et n'est-ce pas un renversement inexcusable de rendre ainsi à la creature des respects qui ne sont deubs qu'au Createur? Il est vray que le Ciel sert à la vie de l'homme par sa lumiere, par sa chaleur, par ses influences; & la Terre par ses arbres, par ses animaux & par ses rivieres : mais ny l'un ny l'autre ne nous rendent tous ces services que par la dépendance & par l'ordre du premier principe qui les a faits, & qui les conserve pour nous, beaucoup plus que le balon ne dépend de celuy auquel il est, & qui nous le preste pour naviger. Tirez donc vous-même la consequence, & jugez si nous n'avons pas raison nous autres Chrétiens de rapporter à Dieu tout le bien que nous recevons de tous les Estres, au lieu que vous rapportez aux choses creées le bien que Dieu vous fait par elles, & qu'ainsi vous adorez les bien-faits, & vous méconnoissez le bien-facteur.

Ils ne repartirent rien à cela, mais ils se jetterent sur quelques objections qu'ils croyoient capables de m'embarasser; Et comme ils sçavoient que lors que nous prions Dieu, nous luy disons, Nôtre Pere qui estes dans les Cieux, ils prirent occasion de raisonner ainsi à leur mode; Si Dieu est, comme vous le dites, dans le Ciel, & s'il n'y en a qu'un seul, comment pourra-il gouverner la Terre? Et comment se peut-il faire qu'il preside generalement à toutes choses, qu'il soit tout en toutes, & tout en chacune d'elles? Enfin, quel âge a-t-il, de quelle couleur est-il? de quelle taille?

Pour répondre à leur premiere question, je leur demanday quelle estoit la cause de la lumiere? C'est, me dirent-ils, le Soleil: Je poursuivis, où est-il ce Soleil? Y en a-il plusieurs? Ils répondirent, il est au Ciel, & il n'y en a qu'un. Quoy, leur dis-je, vous convenez qu'un seul Soleil suffit pour éclairer tout le monde, & que quoy qu'il soit au Ciel, il agit pourtant sur la Terre; Quelle impossibilité trouvez-

D ij

vous donc que Dieu fasse la même chose, & même infiniment davantage, puis qu'étant le Createur, il doit autant surpasser la creature dans l'operation, qu'il est élevé au dessus d'elle par le fond de l'estre; je m'étendis fort sur cette comparaison, & je m'apperceus qu'elle leur plût extremement.

A l'égard des autres difficultez, pour y satisfaire avec toute la clarté que je pouvois, je priay les plus considerables de la Compagnie de me dire de combien de parties il croyoit estre composé; J'ay, dit-il, un corps & une ame; vous avez raison, luy répondis-je, vous convenez que vous avez une ame qui vous anime, & qui preside à vôtre corps, & vous sçavez de plus que vos livres vous enseignent qu'elle est immortelle: mais me direz-vous bien en quelle partie de vôtre corps elle est? est-ce à la teste, au cœur, au foye? quelle est sa grandeur, sa figure, sa couleur? est-elle rouge, verte ou jaûne? Il ne fut pas necessaire de leur faire l'application de tout cecy, ils la prévinrent eux mêmes, & comme ils ne voyoient pas qu'on pût nier que Dieu estant plus noble que l'ame, dont il est le Createur, il ne pût estre dans le Monde d'une maniere plus admirable que l'ame n'est dans le corps: Ils n'insisterent pas davantage, jusques-là que quelques-uns donnerent presque dans cette ancienne erreur, que Dieu estoit l'ame du monde; mais il me semble que je leur en dis assez pour les tirer d'une opinion qu'il est si facile de détruire, & ils m'en parurent contents pour la pluspart.

Cependant un d'eux, poussé du zele pretendu de sa Religion, representa fortement au President de l'Assemblée que l'on me laissoit parler trop long-temps, & que si l'on ne m'imposoit silence avec autorité, tout cét entretien tourneroit à leur confusion ; mais les principaux trouverent son procedé fort mauvais, & ils l'obligerent de se retirer. Le lieu où nous estions s'estant trouvé trop petit pour contenir le nombre des personnes qui venoient de toutes parts, il falut entrer dans une autre salle plus spacieuse, dans laquelle le President des Bonzes, qui estoit comme leur Evêque, m'étonna extrémement lors qu'il me céda de luy même la premiere place par honneur, & me dit en presence de tout le monde, que je n'avois rien avancé qui ne fût fort raisonnable, & qu'il y avoit même beaucoup plus de plaisir à m'entendre parler sur le champ, qu'à lire un livre écrit à loisir. Mais le temps de faire le Sacrifice, qui avoit servy d'occasion à la Conference, estant venu, nous l'interrompîmes, & nous nous separâmes non seulement avec de grandes marques de civilité de part & d'autre, mais aussi avec une espece d'engagement de nous revoir au plûtost, lors qu'on le pourroit commodément.

Le lendemain nous fûmes M. Mahot & moy faluër le second Prince, qui avoit épousé depuis peu la fille du Grand Gouverneur, nôtre meilleur amy; si-tost qu'il nous vit, il nomma mon nom, & me surprit fort, car je n'avois jamais eu l'honneur de paroître devant luy; il nous fit asseoir à ses côtez, & nous demanda lequel des deux s'appelloit Vachet, je me levay, je fis une profonde reverence pour luy marquer que c'estoit moy, & je luy dis que je m'estimerois heureux si je pouvois l'assurer de mon respect par mes tres-humbles services, il m'obligea promptement de me remettre sur mon siege, & il nous fit apporter du Betel, qui est une civilité qu'il n'auroit faite qu'aux premieres personnes de l'Etat, & m'ayant adressé la parole en particulier, il me pria de luy expliquer les deux sacrez noms de JESUS & de MARIE, qui êtoient si souvent dans la bouche des Chrêtiens. Je regarday l'avance qu'il me faisoit comme une ouverture fort favorable pour luy expliquer la pluspart de nos Mysteres; Et prenant les choses dés leur origine, je luy parlay de la creation du Monde, de la dignité de l'homme, de son élevation à un état surnaturel, de sa chûte dans le peché, des peines qui estoient dûes à sa rebellion, des avantages qu'il avoit perdus pour le temps & pour l'eternité par sa desobeïssance, de la maniere dont tous ses descendans s'étoient trouvez enveloppez dans son crime, & dans sa disgrace: En suite, je descendis à la necessité d'un secours extraordinaire de Dieu pour les tirer de leur miserable état; Je luy dis que l'amour que le Fils de Dieu avoit eu pour eux, l'avoit porté à se faire Homme pour satisfaire à la Justice de son Pere en leur place, parce que ny les Anges, ny les hommes ne pouvoient faire cette satisfaction à la rigueur. Enfin, je luy declaray que ce Fils de Dieu fait Homme s'estoit fait appeller JESUS, c'est à dire Sauveur, & qu'il avoit pris une veritable chair semblable à la nôtre dans le sein tres-pur d'une Fille toûjours Vierge, qui avoit esté nommée MARIE, qui estoit de la race de plusieurs Rois, & qui estoit la plus sainte de toutes les créatures; Que son nom & celuy de son Fils estoient incessamment sur nos langues, à cause des grandes graces que nous avions receües des deux Personnes qui les portent. Je croy que je parlay prés de deux heures à ce Prince, sans qu'il témoignât s'ennüyer, au contraire l'attention qu'il me donna servit beaucoup à m'animer: & quand il falut finir, il me conjura de le venir voir souvent, & il m'assûra de sa protection & de l'honneur de ses bonnes graces.

Je pourrois encore vous rapporter d'autres faits semblables, qui vous feroient aisément juger des belles dispositions de toute la Cochinchine pour se convertir entierement, & j'en ferois tres-volontiers une Relation assez étenduë, si je pouvois employer à écrire le temps qu'il faut donner jour & nüit à instruire les Payens, & à sanctifier les Fideles; mais nous mettons souvent plusieurs mois à finir une seule lettre, aprés l'avoir reprise & interrompüe quinze & vingt fois. Ce que je vous puis dire en gros pour ramasser le fruit qu'on a fait dans l'année 1676. c'est que M. de Courtaulin Vicaire general du Royaume l'a visité tout entier d'une extremité à l'autre, avec une benediction continuelle, & les roolles que nous avons des Baptêmes qui se sont faits depuis la S. Luc 1675. jusqu'à pareil jour de l'année suivante, montoient à plus de sept mil personnes baptisées, sans compter les autres dont nous n'avons pas les memoires.

CHAPITRE VIII.

Autre conversation du même Missionaire avec le Fils aîné du Grand Prince

M. Vachet estoit retourné à Faifo, lors que le Fils aîné du Grand Prince, petit Fils du Roy, âgé de 19. à 20. ans, luy envoya un de ses Officiers pour luy dire qu'il le vinst trouver & qu'il desiroit de le voir. Il ne partit pas sur le champ, parce qu'il estoit pour-lors malade d'une fiévre tierce fort violente, mais dés qu'elle l'eut quitté, il se mit en chemin pour la Cour, & il se rendit au Palais de ce jeune Prince, qui le receut aussi agreablement qu'on le pouvoit souhaiter, & il trouva auprés de sa personne un venerable Vieillard qui avoit esté choisi du nombre des Lettrez, pour estre son maître, c'estoit à la sollicitation de cét homme que le Prince avoit mandé le Missionnaire, afin de pouvoir lier une conversation avec luy, dans laquelle le Maître pût se mêler adroitement avec le disciple, sans qu'il parût y avoir de dessein prémédité. Le Prince fit donc les premieres avances par quelques questions assez curieuses & subtiles : & comme M. Vachet tâchoit d'y satisfaire avec autant de netteté que de respect, le Lettré prenant la parole comme par occasion, luy dit qu'il faloit à la verité reconnoistre un Dieu du Ciel & de la Terre dont il est le Gouverneur, mais qu'il avoit esté produit par une puissance beaucoup au dessus de la sienne, & qu'il avoit un Pere, une Mere, des Freres, des Sœurs, & une nombreuse Cour, comme ceux qui sont grands Seigneurs parmy les hommes.

Le Missionnaire voyant bien que c'estoit proprement au Maître qu'il avoit à faire, & que cét homme pretendoit le jetter dans l'embarras de plusieurs preuves, en luy proposant bien des difficultez tout à la fois, il prit le party de l'embaraſſer luy-même par quelques interrogations ſur ſa propre doctrine ; & aprés eſtre convenu avec luy que l'on ne ſe ſerviroit point de la langue des Lettrez, il luy parla de cette ſorte. Vous me ſurprenez de ſoûtenir que le Dieu du Ciel ait eu un commencement & un principe de ſon Etre ; Quel eſt, s'il vous plaiſt, ce principe pretendu dont eſt ſorty un effet ſi excellent ? Vôtre Hú vô, que vous nommez le Createur de toutes choſes, & de Dieu même, n'a-t'il pas auſſi ſon pere & ſa mere, dont nous voyons les noms dans vos Livres ? Vous dites que c'eſt luy qui a bâty ce grand Monde, & par conſequent il eſtoit avant le monde, & par une autre ſuite neceſſaire ſes parens eſtoient auſſi avant luy : Or je vous demande où eſtoient-ils, & quel ſejour habitoient-ils lors qu'il n'y avoit encore rien ? Qui eſt-ce qui les avoit produits eux-mêmes ? Et s'ils n'avoient point eu beſoin de parens, pour quelle raiſon & avec quel fondement dites-vous que le Dieu du Ciel & de la Terre en avoit beſoin, & qu'il ne pouvoit exiſter ſans une cauſe préexiſtente ? Vous m'obligeriez extrémement, ſi vous vouliez bien me répondre ſur ce point quelque choſe de précis, & je ſuis aſſuré que je trouveray dans voſtre réponſe dequoy établir ce que ma Religion enſeigne du Dieu qu'elle adôre.

A cela le Docteur voulant échaper le coup, se jetta sur la langue des Lettrez, contre la convention que l'on avoit faite ; & le Missionnaire s'en estant plaint avec douceur, le Prince dit que sa plainte estoit fort juste, & il voulut obliger son Maître à garder exactement la parole qu'on s'estoit donnée ; mais ce faux sçavant s'en excusa sur ce qu'il pretendoit qu'il estoit de l'essence d'une dispute reguliere d'avoir recours à une langue qui seule pouvoit exprimer les Mysteres de leur Theologie : & il adjoûta que, comme il n'entendoit pas bien le Prêtre European, il estoit inutile de disputer davantage. Icy le Disciple ne fut pas d'accord avec le Maître, il luy dit qu'aprés s'estre engagé à ne se servir que de la langue commune, il avoit tort de ne pas s'en contenter, & que ce procedé n'estoit pas de bonne foy ; Qu'à l'égard des expressions du Missionnaire elles estoient toutes fort intelligibles, & que pour luy il n'en avoit pas perdu une seule parole, pour preuve dequoy il repeta avec beaucoup de feu tout ce qu'il avoit entendu. Le Docteur, qui ne s'attendoit pas à estre poussé de la sorte, se rendit, sans y penser, ridicule, en demandant d'aller consulter quelques Livres. Mais le Prince luy ayant permis avec indignation de sortir, il luy commanda de n'estre pas assez temeraire pour revenir au combat. Puis, comme s'il eût esté piqué par la retraite honteuse de son Maître, il entra luy-même en lice pour reparer en quelque façon son honneur, & il dit avec assez d'agrêment tout ce que la vivacité & la penetration naturelle de son esprit pûrent luy fournir sur le sujet, non pas neanmoins sans tomber dans quelques absurdités, qui sont toûjours inseparables de l'erreur.

Il ne faut pas s'imaginer, dit-il, que la Génealogie de Dieu soit semblable à celle des hommes : le Pere du Bût, c'est à dire le Pere du Dieu du Ciel & de la Terre, n'a point de corps & d'ame comme nous, c'est un pur rien, d'où neanmoins tout est sorty, & où tout doit enfin rentrer : & si vous me pressez sur ce rien pretendu qui est si fecond, je vous diray, si vous voulez que c'est une certaine substance, ou plûtost je ne sçay quoy de si delicat & de si subtil, que les esprits les plus fins & les plus déliez, s'il est permis de parler ainsi, ne sont pas capables d'en pénétrer la moindre partie; Au reste, les occupations de cet Etre inconnu & de ce rien substantiel avant la creation de l'Univers estoient reduites à s'appliquer de toutes ses forces à la production d'un Fils, auquel il devoit communiquer si abondamment sa puissance & sa vertu, qu'il pût ensuite créer les Cieux & la Terre avec tous leurs ornemens; & pour penser fortement à un si grand dessein, il descendoit le matin & se retiroit le soir.

Le Missionnaire l'écouta tranquilement jusqu'à la fin, & pour s'insinüer plus doucement dans son esprit, il luy témoigna la joye qu'il avoit de traiter de la Religion avec un jeune Prince qui se distinguoit autant par ses lumieres que par sa naissance, & il luy avoüa qu'il avoit esté fort satisfait de quelques-unes des choses que son Altesse venoit d'avancer, mais aussi qu'il y en avoit quelques autres qui ne luy paroissoient pas soûtenables, parce qu'elles renfermoient des contradictions manifestes : Car enfin, comment comprendre que le rien soit une substance, qu'il agisse, qu'il occupe tout, lors même qu'il n'y a point encore de tout, ny de parties, qu'il puisse monter & descendre, c'est à dire quiter un lieu pour aller dans un autre en passant par un milieu, lors qu'il n'y a point encore de lieux differents, puis que le Monde n'estoit pas créé ? Et comment distinguer un matin & un soir avant le mouvement des Cieux & des Astres qui n'estoient pas ?

Le Prince ne croyant pas pouvoir se démêler facilement de tant d'embarras, dit fort civilement au Missionnaire, brisons je vous prie là dessus ; car je vois bien que vous ne voudriez pas vous en tenir à tout ce qu'on vous diroit : c'est pourquoy parlons d'autres choses. Mais M. Vachet luy repartit avec liberté que si Son Altesse n'avoit pas agreable de luy justifier les points fondamentaux de sa Religion, il la conjuroit du moins de trouver bon qu'il dévelopât en peu de mots les principales veritez de la créance des Chrétiens; ce qui luy fut accordé de fort bonne grace. Il prouva donc qu'il y avoit un Dieu, & qu'il ne pouvoit y en avoir plus d'un; qu'il estoit de toute eternité, & que comme il n'avoit point de principe, il n'avoit point aussi de fin; Que sa Bonté, sa Justice, sa Sainteté, sa Sagesse, sa Puissance & toutes ses autres perfections estoient infinies; Qu'il estoit un pur Esprit, sans aucun mêlange de corps, indépendant de tous les Etres, dont il estoit le Createur; Qu'il avoit créé le Monde pour l'homme, & l'homme pour luy, c'est à dire, que l'homme estoit obligé par le fond de son essence à connoître Dieu, à l'aimer, à le respecter & à le servir, & que par ce moyen il pouvoit se rendre digne d'une vie eternelle & glorieuse dans le Ciel, s'il estoit fidele aux Commandemens de son premier Souverain; Qu'au contraire, s'il estoit ingrat de ses bien-faits & desobeïssant à ses ordres, il devoit s'attendre à estre puny eternellement dans les Enfers, qui sont une prison fort obscure au centre de la Terre, où l'on brûle sans misericorde; Qu'enfin, pour rendre les hommes inexcusables, il leur fournissoit à tous les moyens necessaires pour éviter cet Enfer, & pour meriter le Paradis, parcequ'il veut les sauver tous.

Jusqu'icy le Prince n'avoit point interrompu le discours de l'Etranger; mais ne pouvant plus retenir ses sentimens, il luy fit une objection, qui fait bien voir la bonté de son esprit; Et voicy comme il s'expliqua, Vous ne prenez pas garde que vous tombez dans la même faute dont vous nous avez repris; car vous avancez des propositions contradictoires, que l'on ne peut accorder ensemble: Vous dites que vôtre Dieu est infiniment bon & juste, & qu'il veut sauver tous les hommes; Qu'il est également puissant & bon, & qu'ainsi il peut tout ce qu'il veut, & que neanmoins il y en a plusieurs qui se perdent & se précipitent dans le malheur eternel. S'il veut le salut de tous les hommes, parce qu'il est bon; S'il peut les sauver tous, parce qu'il est tout-puissant: Pourquoy ne fait-il pas ce qu'il veut? Et pourquoy souffre-il que tant de gens soient damnez? D'ailleurs, s'il est infiniment juste, il doit garder quelque espece d'égalité entre ses Sujets: D'où vient donc qu'il fait grace aux uns, & qu'il ne la fait pas aux autres? Pourquoy éclaire-t'il vos Royaumes depuis si long-temps des lumieres de l'Evangile, & qu'il laisse celui-cy avec tant d'autres depuis tant de siecles dans les tenebres de l'Idolatrie, pour me servir de vos termes? Pour un Chrétien, on peut compter mille Gentils qu'il n'éclaire pas; Et à mon égard, je ne sens point qu'il me donne assez de connoissance pour me dégoûter de ma Religion, & pour m'engager dans la sienne.

M. Vachet luy répondit par vne comparaison sensible ; N'est-il pas vray, Seigneur, que le Roy vôtre Grand Pere, qui est à present sur le Trône, veut autant qu'il est en luy, que tous ses Sujets vivent d'une maniere à meriter des recompenses, & non pas des châtimens ? N'est-il pas vray que par sa bonté, il ne veut la mort de personne ? Et que par son pouvoir Souverain il peut délivrer de la mort les coupables ? Cependant la Justice ne l'oblige-t'elle pas souvent à combattre les inclinations de sa clemence par un zele équitable de punir le crime ? Et si vous accordez si aisément dans sa personne Royale sa bonté, sa justice & sa puissance ; Pourquoy vous faites-vous une difficulté insurmontable d'accorder en Dieu ces trois mêmes perfections ?

Je sçay bien qu'il y a cette difference entre Dieu & les Rois, qu'il peut non seulement pardonner comme eux aux criminels, mais encore il pourroit par sa toute-puissance empêcher leur volonté de commettre les pechez qui les damnent, & la necessiter à la pratique des vertus qui les sauvent ; & c'est ce que les Princes ne peuvent pas. Cependant, quoy que j'avoüe que Dieu le peut absolument, il ne s'ensuit pas qu'il le doive ; au contraire

il

il est de sa Sagesse & de sa Grandeur de laisser aux hommes leur franc-arbitre, afin qu'ils ayent la joye & l'honneur de posseder par merite des recompenses eternelles, s'ils le veulent; & que luy-même ait le plaisir & la gloire d'étre aimé & servy par choix & par amour plûtôt que par necessité & par contrainte; Car qui doute qu'il ne soit bien plus agreable & plus glorieux à un Souverain de se faire aimer librement de ses Sujets, que de se servir de toute son autorité pour les y contraindre?

Pour ce qui est de l'inégalité avec laquelle il traite les differents Etats du Monde, convertissant les uns plus tost, & les autres plus tard, elle ne prouve pas que Dieu soit injuste; car comme il ne doit le bien-fait de la conversion à personne, il fait grace aux peuples qu'il tire du Paganisme, sans faire injustice à ceux qu'il y laisse. Et quoy que nous tenions que la Foy Chrétienne est necessaire pour le salut, neantmoins lors qu'on n'a pas encore suffisamment annoncé l'Evangile à quelques-uns, Dieu ne leur impute pas leur infidelité comme un crime, & il ne les damne pas precisément pour cette infidelité, mais pour le peché originel joint aux autres pechez actüels qu'ils ont commis en abusant de la raison qu'il leur a donnée, & en contrevenant au obligations que la loy naturelle leur impose. Ajoûtez à cela que comme le Soleil n'éclaire pas en mê-

E

me temps tous les climats de l'Univers, auſſi Dieu répand ſucceſſivement les lumieres du ſalut ſur les differents Royaumes durant le temps de cette vie, qui en comparaiſon de ſon eternité n'eſt qu'un jour de peu de durée. Ne fait-il pas à preſent dans la Cochinchine ce qu'il a fait autrefois dans la France? Nos Peres adoroient des creatures, comme vous en adorez, & ils ne connoiſſoient pas mieux que vous le Createur du Ciel & de la Terre ; Il eut pitié de leur aveuglement, il envoya ſes Predicateurs qui leur ouvrirent les yeux, & qui les firent paſſer de l'erreur à la verité. N'eſt ce pas à peu prés de la même maniere qu'il en uſe à preſent avec les Cochinchinois? Il m'envoye avec quelques autres Prêtres dans ce grand Païs pour vous annoncer le même Evangile: C'eſt pour cela que j'ay quitté ma Patrie:& que je ſuis venu d'une des extrémitez du Monde pour prêcher à l'autre. Non, ce n'eſt pas pour nous enrichir par le commerce, car nous ne ſommes pas Marchands, outre que nous devons eſtre bien aiſes d'étre pauvres, & regarder les richeſſes comme de la boüe. Ce n'eſt point pour acquerir de l'honneur, car la Foy nous appprend à ne l'eſtimer pas plus que de la fumée qui charge la teſte & qui ne contente pas le cœur. Ce n'eſt point pour trouver icy les commoditez de la vie, car nous ſerions plus commodément dans nôtre Patrie en un seul jour que nous ne sommes icy en toute une année. C'est donc purement pour aprendre à la Cochinchine la science de Jesus-Christ qu'elle ne connoît pas. Si je m'aplique quelquefois à panser des playes & à donner des remedes pour diverses maladies, je le faits pour avoir occasion de guérir les ames en traitant les corps. Les Etrangers qui viennent en Orient ou par curiosité pour voyager, ou par interest pour negocier, ne s'y arrestent pas long-temps pour l'ordinaire, & n'ont pas intention de s'y engager pour toûjours ; mais pour nous, qui cherchons uniquement vôtre salut, nous rejettons toutes les pensées de retour chez nous comme une tentation qu'il faut vaincre par le desir de vôtre bien & de la gloire de Dieu ; C'est par un mouvement de son Esprit que nous venons vous chercher si loin : De sorte que nôtre presence & nos paroles justifient à vôtre égard sa Misericorde & sa Justice : Et vous ne pourrez plus dire d'orênavant qu'il vous abandonne, & qu'il n'étend pas sa Providence jusques sur vous.

Cette conversation dura depuis neuf heures du matin jusqu'à quatre heures du soir, & elle ne fut interrompüe que par le temps du dîner : Le Prince regala le Missionnaire, & pour la conclusion, aprés s'être recommandé à ses prieres, il luy protesta que rien au monde ne l'empécheroit d'embrasser le Christianisme,

E ij

dés qu'il feroit parfaitement convaincu de la verité de fa doctrine.

CHAPITRE IX.

Ce qui se passa à la Cochinchine en 1677. avant le depart de M. Vachet pour Siam.

TOut ce que nous avons écrit jusqu'icy de la Cochinchine, s'y est fait en l'année 1676. mais voicy une chose remarquable qui s'y fit l'année suivante avant que M. Vachet en partît pour se rendre à Siam auprés des Vicaires Apostoliques, il faut l'apprendre de luy-même de la maniere qu'il la raconte.

L'une des dernieres actions qui s'est passée à mes yeux au mois de Janvier 1677. est si belle & si consolante, qu'elle merite bien que je la rapporte dans toutes les circonstances, dont je pourray me souvenir.

Deux ou trois habitans d'un grand village prés de la Cour, presenterent une Requeste au Roy contre tous les autres ; ils exposérent à sa Majesté que personne ne gardoit plus les anciennes ceremonies du Païs pour le fait de la Religion, que tous au contraire suivoient la Loy des Portugais (c'est ainsi qu'ils appellent la

Religion Chrétienne,) qu'ils fuyoient le travail des Mandarins, qu'ils n'avoient aucun respect pour leurs parens, & beaucoup de choses semblables qu'il seroit trop long d'écrire en détail. Le Roy ayant égard à cette Requeste, envoya quatre Commissaires sur les lieux pour informer exactement de toutes ces plaintes. Dés qu'ils furent arrivez on publia juridiquement de leur part, ou plûtost de la part du Roy, que tous ceux qui estoient Chrétiens eussent à comparoître devant eux : ils crûrent que ce nouvel ordre intimideroit la pluspart de ces pauvres gens, mais ils furent bien surpris, lors qu'au lieu de remarquer en eux la moindre frayeur, ils les virent accourir de toutes parts pour se presenter à l'envy ; car en verité ils y voloient, comme des personnes affamées s'empresseroient de se trouver au rendez-vous d'un grand festin. Mais ce qui augmenta de beaucoup l'étonnement des Commissaires, ce fut qu'ayant remarqué quelques hommes & quelques femmes, qui paroissoient fuir, & les ayant fait appeller pour leur demander où ils alloient si à la hâte, & où ils pretendoient se retirer ; Nous ne nous retirons pas, dirent-ils, nous n'avons pas dessein d'échaper, mais nous allons chercher nos parens & nos amis pour vous les amener avec nous ; l'vne disoit, je vais avertir mon mary ; l'autre je vais prendre mes enfans & les apporter, & ainsi des autres : Ces réponses toucherent si fort le cœur des Juges, qu'ils ne retinrent que les six principaux du lieu, & ils renvoyerent le reste chacun chez soy. Ces six furent le Chef de l'Aldée, deux Catechistes, deux sous-Catechistes, & celuy qui gardoit l'Eglise, & leur ayant fait mettre la cangue au coû, selon qu'on a coûtume d'en user à l'égard des prisonniers jusqu'à ce qu'on leur fasse leur procez ; ils les firent conduire à la Cour pour y rendre raison de leurs actions au premier Officier de l'Etat, qui avoit esté chargé de l'affaire par le Roy, dont il a l'honneur d'être Gendre. Ayans donc comparu à son Tribunal, il demanda à leurs Commissaires s'ils estoient des voleurs, s'ils avoient refusé d'obeïr au Roy, & de luy payer la Taille, & s'ils avoient tüé ou maltraité quelqu'un, dont on eût fait une bonne information. Ils répondirent qu'aucun de ces prisonniers n'estoit atteint de pareils crimes, & qu'ils n'en avoient point d'autre que celuy d'estre Chrétiens : S'il n'y a que cela, dit-il, ils ne meritent pas la cangue, qu'on la leur ôte tout à l'heure. Puis se tournant vers eux, il leur dit, allez enfans, je vous permets de chercher dequoy vivre, & je vous donne la Ville Royale pour prison, jusqu'à ce que j'aye raporté vostre affaire au Roy ; pour lors vous vous remettrez en estat, s'il l'ordonne, & vous subirez telle peine qu'il luy plaira.

Si-tôt qu'ils furent sortis de sa presence, ils vinrent me trouver où j'estois, & je vous laisse à penser avec quelle affection je les receus. Nous fûmes sur le champ à l'Eglise remercier Nostre Seigneur ensemble, & pour moy j'attribüay tout le courage qu'ils avoient fait paroître, à la vertu du Sacrement de Confirmation qu'on leur avoit donné depuis peu: ils alloient deux fois par jour à la porte du Ministre pour le faire souvenir d'eux & pour recevoir ses ordres : Cét homme, tout Payen qu'il estoit, les servit avec autant d'affection que s'il eût esté Chrétien, & il sceut si bien ménager l'esprit du Roy quand il luy parla, que ce Prince luy fit entendre par un signe de teste & de main, qu'il faloit les renvoyer sans aucune punition.

Voila sans doute un effet merveilleux de la Providence, dont on ne peut assez luy rendre grace; & il est de si bonne augure pour la conversion entiere de ce Royaume, que quand je pense à la haute estime que les Grands & les petits y ont de nôtre sainte Foy, il me semble que ce bien heureux changement ne tient presque plus à rien; Tout le monde est convaincu que nous n'y demeurons que pour le seul interest de l'Evangile ; les Chrétiens y font tous les jours des prodiges de constance & de ferveur ; les Payens y goûtent nos Mysteres & nôtre Morale ; & tout l'obstacle que je trouve presentement au desir qu'ils ont de croire les uns & d'embrasser l'autre se réduit à la multiplicité des femmes qu'il faut quitter; car pour tout le reste, on ne peut pas voir les esprits mieux disposez qu'ils semblent l'être.

Un Seigneur des plus considerables de la Cour nous disoit il y a quelque temps, qu'étant en conversation particuliere avec le Roy en presence de la Reine, & le discours estant tombé sur la Religion que nous annonçons, il fit luy-même le Predicateur, quoy qu'il fût pour lors & qu'il soit encore Idolatre; & il se servit si à propos de ce qu'il avoit appris par la lecture de quelques-uns de nos Livres, que le Roy luy dit qu'il trouvoit assez raisonnable tout ce qu'on luy en avoit déja dit d'ailleurs, & il luy declara confidemment qu'il estoit particulierement frappé de deux choses, sur lesquelles il avoit fait reflexion; l'une estoit la generosité avec laquelle ceux de ses Sujets, qui estoient Chrétiens, s'offroient à la perte des biens & de la vie même pour la cause de leur Foy : L'autre regardoit la personne des Missionnaires, dans lesquels il admiroit avec étonnement, qu'un Evêque & des Prêtres, qui ne manquoient de rien en France, fussent venus de si loin manquer presque de tout, pour pouvoir sauver des ames. Cependant, dit-il, cette Religion n'est bonne que pour le Peuple, & non pas pour les Rois & pour les Grands;

Car les gens du commun peuvent plus aifément fe contenter d'une femme, mais cela ne me paroît pas poffible pour les Grands & pour les Riches. A cela le Seigneur repartit de fort bon fens; mais aprés tout, s'il eft vray qu'on ne peut fe fauver pour toute l'eternité que dans cette Religion, comme les Prêtres Europeans nous l'affûrent, & puifque nous croyons auffi bien qu'eux l'immortalité de l'ame, pourquoy ne fe pas priver pour quelques momens, qui compofent tout le cours de nôtre vie, des plaifirs que cette Religion défend, & dont on peut abfolument fe paffer? Pourquoy vouloir s'expofer à eftre eternellement malheureux par la pluralité des femmes?

La Reine, qui jufqu'alors n'avoit point pris de part à l'entretien, l'interrompit en cét endroit, & ce fut par là qu'il finit.

CHAPITRE X.

De la Guerre de la Cochinchine contre le Tonquin, & les premiers emplois de quelques nouveaux Miſſionnaires qu'on y envoye.

CEs deux Etats font toûjours en guerre, mais il femble que les Tonquinois fe foient un peu rallentis dans l'ardeur avec laquelle ils avoient toûjours attaqué leurs ennemis, à cause des pertes continüelles qu'ils ont faites dans leurs combats : car quoy qu'ils ayent des troupes bien plus nombreuses que la Cochinchine, ils ont neanmoins toûjours eû du desavantage, & on les a batus toutes les fois qu'ils se sont presentez. On les attendoit l'année 1676. sur la frontiere avec quarante mille hommes bien aguerris, mais ils ne parurent pas : On avoit même dessein de les aller chercher dans leur Païs, & on l'auroit fait effectivement, n'estoit que le second Fils du Roy de la Cochinchine, qui estoit General des Armées de terre, vint à mourir, lors que l'on n'y pensoit pas, & cette mort arrêta tous les preparatifs de l'expedition : De sorte qu'on se contenta de se mettre sur la défensive jusqu'à ce que le deüil de la Cour fût passé.

Il faut demeurer d'accord que les Cochinchinois sont nez pour les armes ; toutes les nations qui les connoissent conviennent qu'ils sont pour la plûpart & soldats & Capitaines, braves dans l'occasion, & sages pour la conduite. On les attache pour l'ordinaire à la milice vers l'âge de 25. ans, & ils y demeurent jusqu'à 60. sans faire tous les jours autre métier que celuy-là.

Il faut qu'ils se rendent chaque jour dés les six heures du matin à la porte de leurs Capitaines pour y faire l'exercice en sa presence jufques par delà dix heures, & ils recommencent la même chofe à deux heures aprés midy, fans difcontinüer jufqu'à fix heures du foir. Ils s'exercent au moufquet, à la fléche, à la pique, à la javeline, à l'épée, au coutelas, tant fur la terre que fur les galeres. Il n'y a point de peuples dans tout l'Orient qui foient plus curieux de belles armes qu'ils le font; l'on diroit que les leurs fortent de la main de l'ouvrier, tant elles font polies & propres; les vnes font garnies d'or; les autres d'argent; l'épée la moins riche a pour plus de douze écus de garniture de ce dernier métal, fans mêlange d'aucun autre. Lors que le Roy fort en public, ce qui arrive communément deux fois par jour, ils marchent prefque tous à fes côtez rangez en bataille; Et c'eft-là que tout le monde eft libre de luy prefenter fes requêtes. Tant qu'ils font dans le fervice, il leur donne vne folde fort raifonnable, le moindre foldat a du moins vn écu par mois avec vn boiffeau de ris, qui fuffit pour luy & pour fa femme; il leur accorde de trois en trois ans un ou deux mois pour aller voir leurs parens: Et lors qu'ils font fexagenaires, ils les renvoye tout à fait chez eux avec vne honnête récompenfe pour tout le refte de leurs jours.

Le Roy, qui regne à prefent, a autant de zele pour la Juftice, que d'inclination pour les armes; il la rend luy-même en perfonne avec une equité merveilleuse, il entend les parties, il assiste à la déposition, & à la confrontation des témoins ; en un mot il ne se contente pas de juger les procés, mais il se donne la peine de les instruire : L'on disoit en 1676. qu'il avoit quelque dessein de remettre de son vivant le Gouvernement du Royaume entre les mains de son Fils aîné, mais les plus éclairez ne le croyoient pas.

Quelque chose qui arrive, & quelque changement qui se fasse, l'on croit que la Religion Chrêtienne n'en souffrira rien, parce que les Missionnaires sont également bien auprés du pere & des enfans, & que tous les principaux de l'Etat ont nôtre sainte Foy en grande veneration : Un des Prétres François nous mandoit vers ce temps-là, que pour se maintenir agreablement auprés de tous, la Mission avoit besoin de quelques curiositez pour faire quelques petits presens, & qu'on esperoit que la Providence y pourvoiroit, en inspirant aux personnes riches & vertueuses d'Europe de fournir abondamment à cette petite dépense, qui peut avoir de fort bons effets : Il ajoûtoit qu'il eût bien voulu pouvoir un peu aprofondir l'histoire de la Cochinchine, aussi bien que celle de la Chine & de Camboye ; mais que son peu de loisir ne luy permettoit pas d'entreprendre ce travail : Que neantmoins, si Dieu luy donnoit dans la suite plus de temps & de santé, il en dresseroit quelques Memoires avec toute l'exactitude dont il seroit capable, & qu'en attendant il prioit que l'on se contentât de ce qu'il en avoit écrit jusqu'à present.

Ce Missionnaire voyant les belles esperances que la Cochinchine donnoit pour son entiere conversion, aprés avoir esté presenté au Roy par le Ministre d'Etat pour prendre congé de luy, fit un voyage à Siam pour rendre compte de tout à M. de Berithe, & pour luy demander du secours : Il y arriva au mois de Juin le jour de la Pentecôte, & il est assez probable qu'il y fut par la barque d'vn Mandarin Cochinchinois, qui estoit Chrétien, & qui alloit à la Cour de Siam en qualité d'Ambassadeur. Ce qui est certain, c'est que M. de Berithe receut par cette occasion une Lettre & un present du second fils du Roy de la Cochinchine, avec un autre present de la part du beau-pere de ce Prince, l'un des plus puissans Seigneurs du Royaume, & amy particulier de ce Prelat.

M. Vachet auroit bien voulu s'en retourner avec cet Ambassadeur ; Et en effet il s'attendoit de partir avant le commencement du mois d'Aoust, & d'emmener deux nouveaux Missionnaires; mais toutes ses mesures furent changées, & il y eut un troisiéme Prêtre qui prit sa place. Voicy comme il s'explique en deux endroits de sa Lettre de 1677. Dans le premier, *Je pars au commencement d'Aoust pour mon qua-*

trième voyage de Cochinchine, & je mene M. Chevreüil avec un autre Prêtre nouvellement arrivé d'Europe, & qui sçait déja le Cochinchinois ; ainsi nous allons estre six Missionnaires de France, & trois Prêtres du Païs ; Nous menerons aussi avec nous trois Seminaristes Cochinchinois, du nombre de ceux que M. de Berithe amena icy en l'année 1672. au retour de son premier voyage de Cochinchine. Ils entendent fort bien le Latin, & le parlent, & l'on a dessein de les éprouver deux ou trois années dans l'employ de Catechistes, au milieu de leur Pays ; après quoy l'on verra s'il est à propos de leur faire prendre les Ordres. M. de Berithe seroit bien aise d'estre le chef de la troupe, mais il ne peut quitter Siam cette année, à cause de la multitude & de l'importance des affaires generales des Missions qui l'y retiennent ; Il fait état d'y mettre si bon ordre, qu'il puisse l'année prochaine se rendre dans cette chere Eglise de son Vicariat, pour y finir le reste de ses jours ; peut-estre pourray-je le venir prendre avec d'autres Missionnaires, si nous en avons assez grand nombre.

Dans le second endroit de la même Lettre, il nous apprend le changement de ses projets en ces termes : *Ie ne suis pas party, comme je l'ay marqué sur la fin de cette Lettre, je resteray icy jusqu'au mois de Iuillet de l'année 1678. M. de Berithe ayant pris ce terme pour se mettre en état d'aller passer le reste de ses jours à la Cochinchine : Vn autre Missionnaire a pris ma place pour faire le* nombre des trois qu'on avoit resolu d'y envoyer ; Et s'il plait à Nôtre-Seigneur d'en joindre encore quelques autres, nous esperons y voir des fruits abondans de toutes parts ; car jusqu'à present nous avons plus laissé d'ouvrage que nous n'en avons pû faire, faute d'assez d'Ouvriers pour recüeillir la moisson qui se presente.

Les trois Prêtres qu'il vient de dire que l'on avoit envoyez avant luy, estoient Mrs Chevreüil, Thomas, & le Noir, & ils estoient partis dés le 6. de Septembre avec les trois écoliers Cochinchinois, dont on ne nous a pas mandé les noms. L'Ambassadeur Cochinchinois mena les trois Prêtres dans sa propre barque ; d'abord il n'avoit accordé que deux places à M. de Berithe, qui les luy avoit demandées, suivant le pouvoir que le Roy son Maître luy avoit donné ; Mais ensuite il demanda de son chef un troisiéme Prêtre, qu'il se chargea de proteger contre toute sorte d'evenemens.

On a sceu qu'ils estoient arrivez à bon port, & qu'aprés estre débarquez, M^rs le Noir & Thomas se rendirent à la Cour : Comme ils prirent la route de terre, les Chrêtiens qui en furent avertis, vinrent de tous côtez au devant d'eux pour recevoir les Sacremens, dont ils sont si saintement affamez : Il y eut environ deux cens Adultes qui receürent le Baptéme avec toutes les Ceremonies de l'Eglise, & prés de deux mille Chrêtiens qui se confesserent &

communierent : Cet accablement de travail joint à la fatigue du chemin, fut un rude essay pour M. Thomas, qui estant d'vne foible complexion, & ayant travaillé au dessus de ses forces, se poussa bien-tôt à bout ; mais ces sortes d'accidens sont les suites inévitables de ces laborieuses Missions, & ils sont en même temps la consolation & la recompense des Missionnaires, qui esperent par là consommer bien-tôt leur course au service de leur Maître dans la conqueste des ames.

Pendant que les Missionnaires nouvellement arrivez s'exerçoient ainsi, les Prêtres du Pays avançoient de leur côté les affaires de la Religion : On apprendra sans doute le détail de leurs succés par les premieres lettres qu'on recevra ; on sçait seulement qu'un seul d'entr'eux a baptisé prés de deux mille personnes dans l'espace de six mois ; Et ce qui est de plus merveilleux, c'est un homme d'un talent mediocre, & d'une grande simplicité ; mais aussi il faut demeurer d'accord qu'il est remply de l'Esprit de Dieu, dont la moindre participation vaut infiniment mieux que tout l'esprit naturel des hommes les plus éclairez.

RELATION

RELATION DES MISSIONS ET DES VOYAGES DES EVESQUES VICAIRES APOSTOLIQUES, ET DE LEURS ECCLESIASTIQUES és Années 1676. & 1677.

SECONDE PARTIE.

Du Tonquin.

CHAPITRE I.

La persecution se renouvelle en ce Royaume, & l'on met en prison plusieurs Chrétiens en 1676.

IL s'en faut beaucoup que les Ouvriers Evangeliques qui sont au Tonquin, joüissent d'une aussi grande liberté dans leurs fonctions que ceux qui travaillent dans la Cochinchine ; Car outre qu'ils sont obligez d'être toûjours déguisez en habit de Marchands, parcequ'il ne leur est pas permis de porter l'habit Ecclesiastique, ils ont encore souvent le déplaisir de voir les Chrétiens attaquez par diverses persecutions.

Dés le mois de Février de l'année 1676. un jeune Catechiste ayant esté saisi par les soldats d'un Grand Seigneur, qui luy trouverent des marques de Religion & des lettres qu'on écrivoit à M. Deidier pour le prier de venir assister une Dame Chrétienne de la Cour, qui estoit fort mal, ce Grand Seigneur envoya le Catechiste prisonnier au Gouverneur de la Province, où demeurent ordinairement les Prêtres François, qui estoient pour lors à la Cour : La nouvelle qu'ils eurent de cette affaire les obligea de prendre congé du Roy, & de se retirer à petit brüit dans leur maison, pour voir ce qui en arriveroit ; Ils ôtérent de chez eux le plus secretement qu'ils purent tous les ornemens d'Autel & les meubles d'Eglise qu'ils avoient, & ils renvoyerent pour quelque temps les Seminaristes qu'ils élevoient dans l'étude des lettres & de la vertu, & qu'ils ne vouloient pas exposer à la question, s'ils estoient pris. Mais le mal ne fut pas si grand qu'on l'avoit craint, le Gouverneur jugeant qu'il estoit de mauvais augure de commencer l'année par un acte de severité, il se contenta de faire brûler les lettres & les écrits, sans les vouloir examiner, & de condamner le prisonnier à trois écus d'amende applicable à ses soldats.

On se tira aussi heureusement d'une nouvelle attaque qu'il falut encore essuyer pour le champ de l'Eglise de Kè-coüe, dont on a parlé dans la precedente Relation au Chapitre du Tonquin, qui est le Chapitre X. de la IVme Partie pour l'année 1675. car le procez ayant esté renouvellé & porté devant le Roy, il confirma l'Arrest que les Chrétiens avoient obtenu; & par son autorité, il rendit inutile les intrigues puissantes que l'on avoit faites contr'eux.

Il arriva un accident bien plus grand dans la Ville Royale le Samedy Saint par la malice d'un malheureux Apostat, qui sçavoit les lieux où les Fideles s'assembloient, & qui ayant perdu au jeu une somme considerable avec le sous-Gouverneur de la Ville, esperoit pouvoir la payer par le gain qu'il feroit en donnant avis de leur Assemblée. On investit une des maisons où l'on croyoit faire vne grande capture de vaisseaux sacrez & d'ornemens; le Prêtre estoit à l'Autel, & il avoit fait la consecration lors qu'il en fut averty; mais graces à Dieu il eut le temps de communier, d'user toutes les Hosties preparées pour les Laïques, de se deshabiller, & de s'échaper avec la plûpart de ceux qui estoient presens.

F ij

A peine estoit-il sorty, que dix soldats armez entrerent, & prirent quelques ornemens, quelques Livres d'Europe, & cinq ou six Chrétiens qu'ils menerent en prison, les autres ayans pris la fuite.

Le bruit en fut bien-tôt porté en une autre maison, où il y avoit vne Assemblée plus nombreuse ; Et comme on craignit que ces mêmes soldats n'y vinssent en suite, le Prêtre qui estoit entre la consecration de l'Hostie & celle du Calice, acheva de consacrer, usa les saintes especes, ôta ses habits Sacerdotaux, & ayant ordonné à tout le monde de se retirer, il sortit vêtu en Tonquinois, & alla droit à la barque qui l'attendoit vis-à-vis la porte de la maison, au milieu de plusieurs autres, dont le nombre l'empécha de la démêler aussi promptement qu'il auroit bien voulu. Dans cet entre-temps, il crût qu'il estoit de la derniere consequence d'aller avant le jour au logis où les François avoient coûtume de demeurer quand ils estoient à la Cour, parceque si quelques-uns de leurs ennemis venoient l'y chercher, & ne l'y trouvoient pas, on luy en feroit peut-être dans la conjoncture presente un aussi grand crime que si on l'eût surpris à enseigner la Loy du vray Dieu.

Il prit donc avec luy un seul Chrétien Cochinchinois pour le conduire plus droit & plus seûrement à la faveur des tenebres ; mais comme il faloit passer prés d'une troisiéme maison, où il y avoit grand nombre de Fideles, & qui estoit assiegée de soldats, estant tout proche du péril, il sentit une main invisible qui l'arréta, & qui l'ayant empêché de passer outre, l'obligea de retourner sur ses pas, & de prendre une autre route, par laquelle il arriva heureusement chez luy, quoy qu'il passât au travers de deux Corps de garde d'habitans qui veilloient selon la coûtume à la seûreté publique pendant la nüit.

Tout fatigué qu'il estoit des confessions qu'il venoit d'entendre, du chemin qu'il venoit de faire, & de plusieurs embarras dont il avoit esté accablé, il ne pensa pas neantmoins à prendre le repos qui luy estoit si necessaire, mais seulement à chercher les moyens de sauver les Chrétiens assemblez dans la maison, prés de laquelle il avoit passé. Cependant quelques mesures qu'il pût prendre, il ne luy fut pas possible de parer le coup, & dés la pointe du jour les sentinelles s'estant aperceües que quelques Chrétiens s'estoient retirez dans une maison voisine, où ils avoient suivy le Prêtre qui estoit sorty de l'Autel pour se sauver, les autres soldats enfoncerent aussi-tôt les portes de celle qu'ils investissoient, & y ayant trouvé le Maître avec soixante personnes, ils les attacherent tous les uns aux autres avec des cordes, comme des criminels d'Etat; en suite ils prirent quelques ornemens, quelques Livres & quelques Images, & ils en auroient pris beaucoup davantage si on ne leur eût donné de l'argent pour les détourner de faire une plus grande perquisition.

Ce fut en verité un spectacle digne des Anges & de Dieu même de voir avec quelle émulation tous ces bons Chrétiens offrirent à l'envy leurs bras pour estre liez, & pour estre conduits en cét état au plûtôt à la prison du Gouverneur. Un certain Chrétien nommé Paul, qui n'avoit point passé la nüit dans cét endroit, y estant entré dans ce moment, & y ayant remarqué parmy ces genereux Confesseurs de JESUS-CHRIST un de ses amis particuliers, dont il sçavoit que la femme & les enfans estoient malades chez eux, il s'offrit avec courage aux soldats pour estre prisonnier en sa place, & il leur dit avec les paroles du monde les plus pressantes; Mettez, je vous prie cét homme en liberté, & me prenez au lieu de luy, parce qu'il a plusieurs affaires importantes en sa maison, où sa presence est necessaire; il vous doit estre indifferent qui de nous deux soit entre vos mains, puisque le nombre des prisonniers ne diminüera point par l'échange que je vous conjure de faire; mais les soldats profitans de l'occasion, lierent celui-cy sans délivrer l'autre, malgré les sentimens d'admiration dont ils furent penétrez & qu'ils firent assez paroître, en se disant les uns aux autres, pourquoy faisons-nous tant de brüit? A quoy bon des armes & des soldats pour prendre des gens, qui bien loin de se défendre & de se revolter contre nous, se viennent offrir eux-mêmes de si bon cœur aux chaînes, à la prison, & à la mort?

Un autre nommé François Secretaire d'un Grand Magistrat, habile dans les lettres du Païs, & baptisé seulement depuis quelques mois, aprés avoir entendu dans une conversation combien on estoit heureux de souffrir persecution pour la Justice, demanda permission aux Prêtres François d'aller voir ceux qui venoient d'étre pris & enchaînez. Dés qu'on le luy eut permis, il y courut, & le Commandant l'ayant vû, luy demanda ce qu'il cherchoit; Il répondit qu'il estoit venu voir & consoler ses chers freres Chrêtiens : Le Commandant fut surpris d'une réponse qu'il n'attendoit pas, & il luy dit fort rudement de se retirer, s'il ne vouloit essüyer des coups de bâton. A cela François repartit avec joye qu'on luy feroit fort grand plaisir de le mal-traiter pour JESUS-CHRIST comme les autres. Hé bien, dit le Commandant, vous aurez satisfaction ; puis se tournant vers un soldat, il luy ordonna de ne pas l'épargner : aussi-tôt ce genereux Chrétien mit les genoux en terre, & plia les épaules pour attendre tous les coups que l'on voudroit décharger sur luy. Il fut abatu, mais non pas vaincu dés le premier coup, & ayant essüié le reste en cet estat, il se releva avec un visage riant: & aprés avoir rendu graces à son Juge & à son Boureau, il se retira fort content en benissant Dieu de la grace que l'on venoit de luy faire.

L'affaire n'en demeura pas là, car le Capitaine ayant dit au Gouverneur ce qui s'estoit passé, & le Gouverneur en ayant raillé avec le Maître de ce Secretaire, qu'il rencontra au Palais Royal: Ce Maître revenant chez luy tout en colere, le trouva teste à teste à la porte de son hôtel, qui venoit au devant de luy selon la coûtume du Païs; & il luy dit avec beaucoup d'indignation, Il vous sied fort bien d'estre opiniâtre dans vôtre pretendüe Religion, & de m'attirer la raillerie de toute la Cour? Si vous aviez le sens commun, ne vous suffiroit-il pas de sçavoir que le Roy défend la Loy Chrétienne, pour vous la rendre odieuse & pour vous en dégoûter entierement? Le Secretaire prit en cet endroit la parole; Il est vray, Monsieur, luy dit-il, que nôtre Prince a défendu cette Loy à ses Sujets, mais il ne m'est pas moins connu que le Roy du Ciel & de la Terre, devant qui les autres Rois ne sont que poussiere, commande à tous les hommes de la suivre comme l'unique chemin, qui peut condüire au salut pour toute l'eternité;

Et je ne ſçay pour moy comment il ſe trouve quelqu'un qui oſe préferer les défenſes d'un Prince mortel de la Terre aux ordres exprés du Monarque de l'Univers. Cette genereuſe réponſe déplût ſi fort au Magiſtrat, qu'il chaſſa le Secretaire de ſa maiſon, & luy fit reprendre le métier de ſimple ſoldat, dont il eſtoit auparavant que d'entrer à ſon ſervice; mais tant s'en faut que le changement de ſa fortune luy fît aucune peine, qu'au contraire le Miſſionnaire l'ayant rencontré quelques jours aprés, & luy ayant demandé s'il n'eſtoit point affligé de ſa diſgrace, il repliqua, bien loin d'en eſtre affligé, je m'en réjoüis de tout mon cœur; car quoy que la profeſſion militaire ſoit plus laborieuſe pour le corps que la fonction de Secretaire, elle eſt neantmoins bien plus avantageuſe pour l'ame; Je ſçay par experience que les Magiſtrats exigent ſouvent de leurs Secretaires des choſes bien plus criminelles, que les Capitaines n'en exigent de leurs ſoldats: Et comme on luy diſoit pour ſonder le fonds de ſon cœur, qu'il perdoit des apointemens & des eſperances conſiderables, il ajoûta qu'il faloit beaucoup plus craindre l'abondance des biens temporels que leur diminution; qu'il luy ſuffiſoit d'en avoir aſſez pour ne pas mourir de faim, & que moins on en avoit, plus on pouvoit vivre ſelon les loix de la penitence Chrétienne.

CHAPITRE II.

Ce que l'on fit des prisonniers.

APrés qu'on eût arrêté tous les Chrétiens que l'on trouva dans la maison où on les avoit surpris, on les mena enchaînez cinq à cinq au Palais du Gouverneur ; mais il y en eut un bien plus grand nombre de ceux que l'on n'avoit pû prendre, qui firent une escorte honorable à leurs chers Freres jusqu'à la prison, le Gouverneur voulant faire sa Cour à leurs dépens, commanda que l'on écrivit les noms de tous ceux qui conduisoient ainsi leurs amis & leurs parens, & l'on en écrivit cent onze, aprés quoy il presenta une requête au Roy, par laquelle il exposa tout ce qui s'étoit passé.

Le Roy dés l'année precedente avoit défendu severement toute sorte d'Assemblées, parce que les soldats du Royaume s'étoient presque tous revoltez de concert pour se faire donner une solde plus considerable; Outre qu'il s'étoit élevé un Gentil qui se faisoit adorer comme une Idole vivante par plusieurs sectateurs qu'il avoit trompez par de faux miracles, & dont quelques-uns avoient fort mal-traité un Capitaine du Regiment des

Gardes, qui, sans saluer cét Imposteur, avoit passé par le Temple & devant l'Autel où l'on luy offroit des sacrifices: De sorte que pour reprimer la cabale qui estoit déja toute formée, il avoit falu trancher la teste à ce Gentil ; l'ordre politique vouloit que l'on prît plus de mesures que jamais pour s'opposer à toutes les sectes nouvelles qui pouvoient troubler l'Etat en remüant les esprits des peuples.

Toutes ces considerations firent que le Roy trouva fort mauvais que les Chrétiens se fussent assemblez contre ses défenses generales, & il resolut de renvoyer la connoissance de leur affaire au suprême Senat de son Royaume & à son Fils aîné, qu'on appelle le jeune Roy: On tint plusieurs séances pour deliberer meürement, & il y eut des avis qui allerent à punir de mort quelques-uns des prisonniers, afin que ceux qui n'avoient pas eu assez de crainte pour la severité des Edits, fussent intimidez par la rigueur des châtimens; mais le plus grand nombre ne fut pas de cette opinion, parce que la Religion Chrétienne n'avoit pas esté défendüe sous peine de la vie, mais seulement sous peine de 80. coups de bâton.

Dans cette diversité de sentimens, peu s'en falut qu'on ne transferât les prisonniers dans la Conciergerie du jeune Roy, où les frais de la Justice sont grands, & où l'on fait le procez aux accusez à la rigueur : mais par une protection speciale de Dieu, ils éviterent cette vexation, & estans demeurez entre les mains du Gouverneur, ils subirent l'interrogatoire devant luy ; il n'épargna rien pour leur faire declarer les personnes qui leur prêchoient l'Evangile ; mais comme ils avoient esté instrüits pour répondre à propos, & que même ils estoient fortifiez par la presence de celuy, dans la maison duquel on les avoit pris, ils n'avoüérent jamais rien, qui pût découvrir les Prêtres du Païs, ny les Missionnaires étrangers ; car ce genereux Chrétien leur avoit dit plusieurs fois de rejetter tout sur luy, & il eut même la fermeté en parlant conformement à leurs dépositions, de declarer que c'estoit luy qui faisoit tous les jours les prieres & qui leur enseignoit la Religion Chrétienne.

Le Gouverneur fit foüetter quelques enfans pour sçavoir d'eux qui estoit le Pere d'Europe qui les avoit instrüits, mais ils ne confesserent rien du tout ; Il voulut en forcer d'autres par des coups de bâton à fouler aux pieds les saintes Images ; mais au lieu de marcher dessus, ils se jettoient à genoux pour leur rendre le culte qui leur est dû, & les arrosoient de leurs larmes avec des sentimens de pieté, qui en inspiroient aux Payens mêmes.

Ceux d'entre les Chrétiens, qui estoient

en liberté, donnerent aux prisoniers des marques de charité, que le Gouverneur ne put s'empêcher d'admirer avec tous les Idolatres. Il y avoit entr'eux une espece de contestation à qui leur porteroit à manger dans la prison, & tous s'y empressoient avec tant de ferveur & de liberalité, que pour éviter la confusion, il falut d'abord que les Missionnaires marquassent à chaque famille son jour, & bien-tôt aprés ils le défendirent tout à fait, parceque ce bel ordre de charité irritoit beaucoup plus les Magistrats Payens, qu'il ne les edifioit, à cause des suites que la sagesse humaine en pouvoit craindre.

Enfin quarante jours s'estans écoulez, on les jugea, & voicy ce que portoit leur jugement. Les deux Maîtres des maisons où les Assemblées s'estoient faites furent condamnez chacun à quinze écus : & à l'égard des autres Fideles, les hommes depuis l'âge de quinze ans jusqu'à soixante-dix, furent condamnez à cinquante bastonnades, & les femmes de même âge seulement à trente ; les garçons au dessous de quinze, & les vieillards au dessus de soixante-dix, en furent quittes pour neuf écus, & les jeunes filles, aussi bien que les vieilles femmes pour six : Mais les Images, les ornenemens d'Autel, & les autres choses qui avoient quelque rapport à la Religion Chrétienne furent brûlées par la main du bourreau.

Quand il fut question de payer l'amende de chacun & les frais de leur emprisonnement, on fut fort embarassé, la pluspart estant si pauvres, qu'ils n'avoient pas le moyen d'y contribuer : & d'ailleurs le petit fond, qu'on avoit amassé pour la subsistance des Clercs, estoit épuisé. Il falut donc aller à l'emprunt, mais la somme que l'on prêta n'estant pas encore suffisante, on fut presque sur le point de fondre les vaisseaux sacrez : Les Fideles des quatre Provinces éloignées de la Cour en ayant esté avertis, ils firent une queste si abondante, qu'il y en eut assez pour sortir de l'embarras où l'on estoit. Un des Maîtres des maisons où l'on avoit pris les Chrétiens, au lieu de quinze écus ausquels il estoit condamné, en donna cent trente de son propre mouvement, Madame Ursule, que l'on appelle en Tonquinois Diec-Laõ Kou, (qui dés qu'elle s'estoit fait Chrétienne, avoit quitté la Cour pour se donner entierement aux œuvres de pieté, & qui jusqu'alors avoit toûjours racheté de son bien les Prêtres Tonquinois, les Catechistes & les Vaisseaux sacrez quand ils estoient tombez entre les mains des ennemis de la Religion) ayant appris le besoin pressant où l'on estoit, enuoya quatre-vingts écus ; & le reste qui montoit environ à quatre cens écus, fut fourny par les Fideles des Provinces.

Cette occasion servit merveilleusement à

reünir l'esprit de tous les Chrétiens, qui avoient pour lors entre-eux quelques petites partialitez ; Car quoique pas un de ceux d'une certaine Eglise n'eût esté pris, ils ne laisserent pas d'aider les autres, soit en intercedant pour eux auprés des Juges, soit en donnant quatre vingt-cinq écus pour leur part, & en prêtant une plus grande somme, soit enfin en se presentant aux Magistrats comme Chrétiens pour les edifier par leur courage, & pour rendre la cause des prisonniers plus favorable par le nombre de leurs complices.

La Providence en tira encore un autre bien, car la Religion Chrétienne parut au Gouverneur & à ses Officiers si noble dans sa foy, & si sainte dans ses mœurs, qu'ils avoüerent qu'il estoit bien raisonnable de l'embrasser, & ils protesterent qu'ils l'auroient embrassée eux-mêmes, si le Roy ne l'eût pas défendu avec tant de severité ; Et en effet un des principaux Secretaires du Gouverneur estant tombé malade à l'extremité quelques jours aprés, il demanda le Baptême, & il eut la grace de le recevoir.

Le Gouverneur estant ainsi adoucy, il ne faut pas s'étonner s'il fut aisé d'obtenir de luy que l'Arrest prononcé contre les prisonniers, en ce qui regardoit les bastonnades, fût executé avec la derniere douceur, & presque sans brüit dans un lieu à l'écart, & peu frequenté hors de la Ville ; ce fut plûtot un jeu qu'un supplice, les bourreaux ne frappoient plus les corps qui estoient étendus par terre, mais la terre qui estoit auprés des corps ; Il n'y eut qu'un seul Chrétien qui sentit un peu de mal, car ayant voulu par le conseil du bourreau témoigner par quelque agitation qu'il souffroit de la douleur, il s'exposa luy-même par ses mouvemens indiscrets aux coups que l'on avoit dessein de luy sauver, & il fut frappé deux fois par hazard, mais assez legerement.

CHAPITRE III.

La persecution de la Cour en produit d'autres dans les Provinces.

QUoique la persecution que l'on fit aux Chrétiens dans la Ville Royale, ne fût pas toutafait si crüelle qu'on l'avoit apprehendé, le brüit neantmoins, qui s'en répandit dans toutes les Provinces du Royaume, fut si grand, que tous les Chefs des Bourgades crurent qu'ils avoient une entiere liberté de maltraiter ceux qui faisoient profession du Christianisme.

Dans la Province de Than-hoa deux Catechistes de M. Antoine Van-Kóẽ Prêtre Tonquinois, qui en estoit l'Administrateur, furent saisis & mis aux fers, & ils ne furent délivrez

livrez que par une rançon confiderable.

Dans la Province de Nghe-an il y avoit un Lettré qui faifoit fonction de Juge, & qui eftoit ennemy declaré de nôtre fainte Loy, il fit baftonner crüellement plufieurs perfonnes, & les dépoüilla de tous leurs biens ; Ce même homme fit piller & ravager une Eglife bâtie dans une efpece de petit Defert, où M. Martin Prêtre Tonquinois avoit mis beaucoup de Livres, d'Images & d'Ornemens, comme dans un lieu fort feur. Deplus quelques vertueufes filles qui vivoient en commun au nombre de dix dans une même maifon, fe difperferent comme des brebis épouvantées par le loup, & fe retirerent chacune dans la maifon de leurs parens; Et la malice de ce Juge fut fi extréme, qu'il obligea tous les Anciens de chaque Bourg dans fon territoire de perfecuter malgré eux tous les Chrétiens, & il ordonna que, fi on trouvoit deformais en tous ces lieux-là quelqu'un qui fuivît les regles de l'Evangile, au lieu de s'en prendre à luy, on attaquât directement les Anciens du Bourg où il feroit, pour en répondre en leurs propres & privez noms, & pour en eftre punis en perfonne; En forte que M. Vitus-Van-Tri Prêtre Tonquinois & Adminiftrateur de cette Province-là, fut contraint de fe tenir caché dans un même endroit durant quelques mois ; Mais Dieu, qui eft le Souverain Juge des Juges, ne laiffa pas long-temps la cruauté de celuy-là impunie ; Car ayant efté deferé en Cour à caufe de plufieurs injuftices, fa Majefté luy fit fon procez dans fon Confeil, & le priva de fa dignité & de fa charge.

Dans la Province Meridionale, où demeurent les Prêtres François, il y a un petit Païs qu'on appelle Tuen-bon, dont le Magiftrat donna beaucoup de peine aux fidelles, car pour gagner l'efprit du Gouverneur de la Province, un jour de Dimanche les Chrêtiens de quatre Eglifes (dont le Catechifte Vãn-Trang Acolite a foin) s'étant affemblez, chacun dans leurs cantons pour prier enfemble, il envoya par tout des foldats, qui fe mettans moins en peine des hommes que du butin, ne prirent que fept ou huit perfonnes dans chaque endroit ; Mais ils revinrent chargez des meubles de l'Eglife & du Catechifte, qui eut le loifir de s'échaper de leurs mains avec les autres Catechiftes du fecond Ordre qui l'accompagnoient, dont tout le petit meuble fut perdu. Le Magiftrat ayant fait amener ceux qu'on avoit pris, aprés avoir convenu avec eux d'une fomme affez notable pour les renvoyer chez eux avec leurs meubles Ecclefiaftiques, & leur liberté, il prit l'argent, & fans leur tenir fa parole les fit conduire au Gouverneur environ au nombre de trente ; Là ils furent encore plus mal-traitez qu'ils ne l'avoient efté d'abord, car il leur en coûta non seulement de l'argent en plus grande quantité, mais aussi des coups. Ils s'estimerent heureux d'avoir esté jugez dignes de souffrir pour le nom de JESUS-CHRIST, la perte de leurs biens, & la honte du foüet jusqu'au sang.

Entre les autres, il y en eut un nommé Thomas Thieu Medecin de profession, qui signala sa constance avec trop d'éclat, pour ne pas en faire une mention particuliere. Il avoit bâti l'Eglise de An-Viet sur son fond & de son bien; Dés qu'il fut pris on le bastonna cruellement pour luy faire dire où il avoit caché les ornemens les plus precieux; Mais il répondit au Magistrat sans s'émouvoir, vous avez beau me tourmenter, vous n'y gagnerez rien du tout; On le mena au Gouverneur qui fit redoubler les coups, tant pour luy faire avoüer la même chose, que pour le contraindre à quitter sa Religion. Il luy fit la même réponse qu'il avoit faite au Magistrat, & il ajoûta qu'on pouvoit le battre jusqu'à la mort, mais qu'on luy arracheroit l'ame du corps avant que de luy arracher la Foy du cœur; que si pour la conserver il perdoit cette miserable vie, elle seroit changée en une meilleure, où le Seigneur du Ciel luy promettoit l'assemblage de tous les biens; au lieu que s'il estoit assez malheureux de vouloir prolonger ses jours sur la terre en renonçant à sa Religion, il perdroit une eternité entiere de bonheur, & s'expoferoit au comble de tous les malheurs pour jamais. Le Gouverneur ne voulant pas le faire mourir, luy dit qu'il luy commandoit d'aller brûler luy-même fon Eglife, afin qu'on ne s'y affemblât plus (car il eftoit bien aife d'épargner cette corvée à fes foldats.) Mais le Confeffeur de Jesus-Christ repliqua que quand il luy en devroit coûter la vie, il ne commettroit jamais un facrilege fi horrible. Aprés cela le Gouverneur defefperant de pouvoir rien obtenir ny par menaces, ny par fupplices, il luy fit donner trente coups de bâton, le chargea de honte & d'injures en public, confifca fes biens, & ne luy laiffa pas même le fond où eftoit bâtie fa maifon, ny un feul habit pour fe couvrir & le renvoya tout nud; en cet état il fe traîna comme il pût à la faveur de la nuit à la maifon des Miffionnaires Apoftoliques, qui fe conjoüirent avec luy de la grande grace qu'il venoit de recevoir, puis ils laverent avec refpect fes playes, ou plutôt tout fon corps qui n'étoit plus qu'une playe depuis la tefte jufqu'aux pieds; Ils luy donnerent quelques habits, & un peu d'argent felon la pauvreté où ils eftoient, afin qu'il pût acheter des onguents & des remedes, non feulement pour luy, mais pour les malades dont il entreprendroit la guerifon, & auprés defquels il pourroit gagner fa vie par l'exercice de fon Art. Dés le matin il s'approcha des Sacremens avec une devotion capable d'en inspirer à ceux qui en furent les témoins; & fortifié par le Corps & le Sang du Fils de Dieu, il se retira plus disposé que jamais à souffrir encore davantage à l'avenir pour sa querelle.

Le même Magistrat de ce petit Païs dont nous avons parlé se joignit à un des principaux Secretaires du Gouverneur de la Province, qui avoit demandé aux Prêtres François une grande somme à emprunter, & comme on n'avoit pas esté en estat de la luy prêter, il avoit pris leur refus pour une injure dont il estoit bien aise de se vanger; Ils les accuserent donc faussement auprés du Gouverneur par l'intrigue de quelques-uns de ses enfans d'honneur, & luy dirent qu'ils assembloient tous les Dimanches dans leur maison plusieurs Chrêtiens à la seconde veille de la nuit pour y entendre la Messe, & qu'à la quatriéme veille le Sacrifice estant achevé, ils les congedioient à petit bruit; Le Gouverneur leur ordonna de les observer exactement, & il promit vingt écus de recompense à celuy qui les surprendroit en flagrant délit; Ce qui ne donna pas peu d'inquietude aux Prêtres François; Car quoiqu'il ne fût pas vray qu'ils assemblassent ainsi les Chrêtiens tous les Dimanches, cela les obligeoit à se tenir bien plus secrets & à avoir bien moins de commerce avec eux.

G iij

Mais rien ne les expofa davantage à eftre exilez que l'accident arrivé par le mécontentement du Chef de la compagnie de Hollande au Tonquin ; Il avoit un ferviteur Catholique, qui fans prendre confeil de perfonne, pria fon Maître de tenir fur les facrez fonds de Baptême un fils que fa femme venoit de mettre au monde, ce qui eftant venu à la connoiffance des Miffionnaires, ils firent honneftement tout ce qu'ils pûrent pour faire entendre à ce Chef Hollandois, que n'eftant pas Catholique, les Loix de l'Eglife ne leur permettoient pas de le recevoir pour Parrain ; Mais luy, qui pretendoit qu'on n'avoit point fait cette difficulté à ceux qui l'avoient precedé dans fon employ, & qui eftoient de fa même Religion, crut que ce n'eftoit qu'un pretexte dont on vouloit couvrir quelque averfion que l'on avoit conceüe contre fa perfonne, & il en pouffa fi loin le reffentiment, qu'il les menaça fur l'heure de les faire chaffer par le Roy, en luy declarant qu'ils s'eftoient fervis l'année derniere d'un de fes vaiffeaux pour faire paffer en Cochinchine M. de Berithe, & qu'ils l'avoient fortement follicité depuis peu de donner le paffage fur un autre bâtiment preft à faire voile, à quelques Catechiftes nez au Tonquin pour les envoyer à Siam, où ils devoient eftre faits Prêtres, & d'où ils devoient revenir faire les fonctions du Sacerdoce dans leur Païs. La menace fut suivie de l'effet, il fit prier un Officier du Roy commis par sa Majesté pour les affaires de la Compagnie de Hollande, de porter luy-même cette accusation à la Cour ; mais l'Officier qui estoit amy des François, prit leur défense, & renvoya dire de sa part à cet homme, qu'en quelque Tribunal qu'il fît porter cette affaire, il seroit leur protecteur, & qu'il estoit prest de subir le même supplice auquel on les condamneroit. Cette réponse luy fit faire de solides reflexions ; Et comme il sceut qu'outre cela tous les Officiers de la Compagnie, dont il étoit le Chef, avoient horreur de l'action qu'il vouloit faire, il n'osa passer outre, & la Providence ne permit pas que l'orage, qui paroissoit inévitable, vint fondre sur des personnes innocentes, n'estant pas juste que leur pieté & leur exactitude à observer la Discipline Ecclesiastique, attirât une cruelle persecution sur toute l'Eglise du Tonquin.

CHAPITRE IV.

Dieu console en plusieurs manieres les Mission-naires Apostoliques au milieu de la persecution.

AU milieu de tous les embarras où la persecution jetta les Missionnaires Apostoliques, ils receurent plusieurs consolations, qui leur donnerent un courage tout nouveau. Il y avoit plus de deux ans qu'ils n'avoient receu de lettres d'aucun endroit, ny des Indes, ny d'Europe; & on leur rendit au mois de Juillet de cette année 1676. toutes celles qu'on leur avoit écrites de Rome en 1673. & dont M. Sevin leur avoit envoyé le paquet de Surate par Bantan sur un vaisseau Anglois, qui leur apporta aussi une lettre particuliere du Cardinal Antoine Barberin, en datte du 15. Decembre 1670. par laquelle en qualité de Prefet de la sacrée Congregation de la propagation de la Foy, il leur témoignoit que leurs Eminences estoient fort satisfaites de leur conduite dans le Tonquin, & il leur donnoit même des loüanges qui leur causerent de la confusion, parcequ'ils s'en estimoient indignes.

On peut aisément s'imaginer avec quelle reconnoissance ils s'adresserent à Dieu pour le remercier de la bonté avec laquelle il infpiroit au faint Siege de foûtenir leurs travaux en augmentant de jour en jour les effets de fa protection ; ils en rendirent mille graces au Pere des mifericordes, qui eft le Dieu de toute confolation, & qui les confoloit ainfi dans toutes leurs peines avec d'autant plus de douceur, qu'il les avoit exercez plus long-temps par une efpece d'abandon des creatures.

Ils eurent prefque en même temps une feconde joye, dont leur cœur fut penetré par l'arrivée impréveüe de deux Religieux Efpagnols de l'Ordre de S. Dominique, dont l'un s'appelloit le Pere Jean de Arjona, & l'autre le Pere Jean de Sainte Croix. Leurs Superieurs, avoient bien voulu les envoyer de Manille au Tonquin à l'inftante priere de M^{rs} d'Heliopolis & de Berithe pour travailler dans ce grand Royaume de concert avec Mrs Deidier & de Bourges ; ils eftoient tous deux de l'âge de trente ans & d'un temperament robufte ; ils donnerent d'abord des marques de leur doctrine, de leur pieté, & de leur refpectueufe foûmiffion pour les ordres du faint Siege ; ce qui caufa beaucoup de joye aux Vicaires Generaux de M. d'Heliopolis ; On leur fit voir les Conftitutions du Pape Clement X. les Brefs Apoftoliques, & les Decrets des Cardinaux que l'on venoit de recevoir, qui avoient pour but d'affermir la Jurifdiction des Vicaires

Apostoliques dans cette florissante Eglise.

Quoique ces Religieux fussent si bien disposez au commencement, & que les décisions du S. Siege fussent claires & précises en faveur des Vicaires Apostoliques ; Neantmoins ayant connu qu'il restoit quelque division entre les esprits, causée par la pretention du Vicaire general de l'Evêché de Macao, qui vouloit estendre indüement sa jurîdiction sur toutes les Eglises du Tonquin, ils eurent la pensée de s'en retourner, mais après avoir pris toutes leurs mesures pour leur depart, la veille qu'ils devoient partir l'esprit de Dieu les toucha si fort par la veüe du besoin extréme que l'on avoit d'Ouvriers Evangeliques dans cette belle Mission, qu'ils changerent de pensée & se déterminerent à y demeurer nonobstant tous les perils dont ils estoient menacez, afin de se dévoüer entierement au service de cette Eglise ; Ce qui est asseurément une des plus grandes misericordes que Dieu luy pouvoit faire dans la conjoncture des choses.

Il arriva encore aux Prêtres François un autre sujet d'une nouvelle joye qu'il ne faut point passer sous silence ; Le Magistrat qui avoit soin des interests de leur Nation, les ayant traitez aussi mal qu'on le pouvoit contre son ordinaire, changea tout d'un coup sa colere en bien-veüillance, & leur rendit toute sorte de bons offices, aprés les avoir mis en état de tout craindre.

Cét homme, qui avoit esté jusqu'alors leur plus grand protecteur, parut estre devenu leur ennemy le plus declaré; il les fit venir à la Ville Royale, & quoique ce fut luy-même qui eût obtenu du Roy le fond sur lequel ils avoient bâti leur Maison, & qui les avoit défendus de toutes les attaques des gens mal intentionnez contr'eux, il leur demanda froidement s'ils estoient prests de repasser en France, & s'ils vouloient se charger de la réponse du Roy du Tonquin aux Lettres du Roy de Siam: Cette proposition les surprit étrangement, mais leur étonnement ne les empêcha pas de luy dire avec toute la presence d'esprit necessaire, qu'il n'y avoit pas d'apparence de retourner en leur Païs, parce que depuis quelques années il n'en venoit point de vaisseaux qui pûssent les y porter, & que pour ce qui regardoit les Lettres dont on leur vouloit faire l'honneur de les charger, s'il y avoit quelque affaire d'Etat à negocier, ils n'estoient pas assez politiques pour s'en mêler, & qu'ils ne pouvoient pas s'exposer à se broüiller avec aucun des deux Rois.

Sur cela il s'expliqua plus ouvertement, & leur dit d'un ton fort severe, il faut que vous sortiez de ce Royaume; car on sçait que vous allez tantôt d'un côté tantôt de l'autre pour y bâtir de nouvelles Eglises aux dépens des

Chrétiens du Païs, à qui vous ordonnez d'y contribüer par une espece d'imposition que vous faites de vôtre propre autorité ; outre que vous faites toûjours des Assemblées, selon vôtre coûtume contre les Ordonnances de sa Majesté, je crains bien fort que si vous ne vous retirez de vous-mêmes sans éclat, on ne vous chasse honteusement par un ordre du Conseil d'Etat.

Ils virent bien qu'il ne faloit pas l'aigrir, & ils luy repliquerent avec beaucoup de moderation, qu'ils le prioient de considerer qu'il ne leur estoit pas possible de faire toutes les courses, dont on les avoit accusez auprés de luy, puisqu'ils estoient si étroitement gardez dans la Ville de Hien par le Gouverneur, qu'on ne leur laissoit pas la liberté d'aller par tout, où ils auroient voulu; d'où il pouvoit luy-même conclure s'il estoit probable qu'ils pussent prêcher la Loy du vray Dieu ; Qu'enfin on leur feroit plaisir d'informer s'il estoit vray qu'ils fissent des levées d'argent pour la construction de quelque Temple, & que l'on connoîtroit assurément leur innocence, en découvrant la calomnie de ceux qui leur avoient imposé ce pretendu crime.

Il ne fit pas semblant d'écouter ce qu'on luy disoit, & cependant sans insister davantage, il insinua comme par maniere de conversation un reproche sur lequel il ne vouloit pas paroître trop apuyer, mais il eſtoit aiſé de voir que la choſe luy tenoit fort au cœur: Vous voulez, dit-il, qu'on vous ſerve dans une infinité d'occaſions, où l'on épuiſe ſon crédit, & vous n'en ſçavez quaſi pas de gré: car où ſont, je vous prie, les marques de vôtre reconnoiſſance? Il y a des gens que je n'ay pas tant obligez que vous, qui ont eſté incomparablement plus genereux; mais il ſemble que pour vous, on vous doit tout ce que l'on fait en vôtre conſideration. Il ne leur fut pas difficile de ſe laver de l'ingratitude qu'on leur reprochoit, ils avoüerent qu'ils n'avoient pas aſſez reconnu toutes ſes bontez, qu'il eſtoit vray qu'ils luy eſtoient infiniment redevables, & qu'ils n'avoient pas de plus grande paſſion que de luy donner des marques effectives des ſentimens de leur cœur; mais que depuis leur arrivée au Tonquin, leurs affaires avoient toûjours eſté en mauvais eſtat, parcequ'il n'eſtoit point venu de vaiſſeaux d'Europe qui leur aportaſſent du ſecours, & qui leur donnaſſent moyen de faire des preſens ny au Roy, ny à leurs amis; qu'au reſte ils en avoient attendu un l'an paſſé, (c'étoit celuy qui devoit y mener M. d'Heliopolis,) mais que par la tempête il avoit relâché aux Philippines, où il avoit eſté confiſqué par les Miniſtres du Roy d'Eſpagne, & que ſi celuy-là ou quelqu'autre fût arrivé à bon port, ils y auroient aſſurément trouvé dequoy s'acquiter de leur devoir envers tout le monde.

La conversation ayant finy en cét endroit, on se separa, & quelques jours aprés ils sceurent que le changement de cét Officier à leur égard avoit esté causé par l'intrigue d'un Infidele qui leur avoit rendu de mauvais offices auprés de luy. Ils retournerent donc le voir, & l'ayant trouvé de meilleure humeur, ils prirent la liberté de luy presenter quelques grains de Corail, & quelques autres choses, qui quelques petites qu'elles fussent, luy parurent si agreables, qu'il en fit present au Roy, à qui elles ne déplûrent pas ; De sorte que bien loin que cét Officier leur parlât davantage du voyage de Siam, il leur donna en bonne amitié quelques avis pour parer à l'avenir les coups de leurs ennemis. Envoyez, dit-il, quelqu'un de vôtre part tous les ans ou à Bantan, ou à Siam pour y prendre quelques presens que vous puissiez faire au Roy ; par là vous le gagnerez, de maniere qu'il n'écoutera presque pas ce qu'on pourra luy dire contre vos interests. En effet par la mediation de ce Magistrat ils obtinrent du Roy bien-tôt aprés la permission d'envoyer quelques-uns d'entr'eux à Siam, & ils esperoient pouvoir faire partir par deux voyes differentes dans les premiers mois de l'année suivante environ treize Chrétiens ; sçavoir cinq Catechistes difposez au Sacerdoce avec deux jeunes gens de beau naturel, qui devoient aller droit à Siam, pour y estre formez à l'Etat Ecclesiastique dans le Seminaire, & un autre Catechiste avec cinq autres enfans par la voye de Bantan pour se rendre au même lieu à même dessein. De sorte que par la misericorde de Dieu, on évita non seulement le banissement qu'on avoit sujet d'aprehender, mais on se vit même en état d'esperer que le nombre des Ouvriers Evangeliques croîtroit dans peu par l'Ordination de ceux que l'on envoyoit aux Evesques pour les promouvoir aux Ordres.

Enfin pour derniere consolation de Mrs Deidier & de Bourges, aprés avoir receu au mois de Decembre les Mémoires des Prêtres & des Catechistes répandus dans les diverses Eglises, la suputation generale estant faite, ils trouverent que malgré la persecution l'on avoit baptisé cette année là sept mil sept cens soixanne-neuf tant enfans qu'adultes; Que l'on avoit donné l'absolution à cinquante-six mille cent Chrétiens; Que l'on en avoit communié trente-huit mille sept cens vingt ; Qu'on avoit administré l'Extréme-Onction à cent treize, & fait plus de deux cens mariages.

C'est par ces agreables nouvelles que finit leur Lettre de 1676. à Nosseigneurs les Cardinaux de la sacrée Congregation de la propagation de la Foy, aprés avoir demandé à leurs Eminences la continuation de leur bien-veillance & de leur protection, & après les avoir prié avec grande instance des quatre choses qui suivent.

1. De faire en sorte que l'on adressât aux Prêtres & aux Chrêtiens Tonquinois quelque Bref pour les encourager à souffrir les travaux ausquels ils sont toûjours exposez.

2. De leur obtenir des Indulgences plenieres au moins une fois l'année pour les temps des persecutions, pendant lequel il est difficile de s'assembler ; ou du moins d'impetrer du Pape que ceux qui ne pourroient pas gagner les Indulgences que le S. Siege leur a déja accordées aux jours de l'Assomption de Nôtre-Dame, de S. Joseph & de S. François Xavier, pussent joüir de la même grace pendant les quinze jours suivans, selon leur plus grande commodité.

3. De demander aussi à Nôtre S. Pere un Autel privilegié pour les ames du Purgatoire les Lundis & les Mardis de chaque semaine, lors qu'on y pourroit dire une Messe de *Requiem*, selon les Rubriques de l'Eglise, & que ce pouvoir fût non seulement pour le Prêtre celebrant, mais aussi pour chacun des Fideles, qui auroit la devotion d'y communier.

4. De joindre à toutes ces graces celle de leur envoyer la faculté du S. Siege pour dispenser quelques Fideles de l'empêchement di-
rimant

riment, nonobstant lequel ils avoient épousé leurs belles sœurs aprés la mort de leurs
femmes ; Ils disent que ces sortes de mariages arrivent souvent au Tonquin, parce que
les peres craignent que les enfans, qu'ils ont
déja eûs, tombent entre les mains d'une bel-
le-mere, qui ne leur estant point parente, les
traite mal ; au lieu qu'étans sous la conduite
de leur propre tante, ils en reçoivent beaucoup plus d'amitié & de douceur. Mais ils
ajoûtent que si l'on trouve difficulté à Rome
de permettre indifferemment à l'avenir ces sortes de secondes nopces (comme on a grand
sujet de le presumer,) ils conjurent du moins
qu'on use de cette indulgence pour le passé,
à l'égard de ceux, qui avant l'arrivée de ces
Missionnaires Apostoliques au Tonquin s'é-
toient déja remariez ainsi, & qui ayant eu
plusieurs autres enfans du second lit n'avoient
pû se resoudre depuis dix ans à se separer, parce qu'ils regardoient cette separation comme
la rüine entiere de leur famille.

 On ne sçait pas encore ce que le S Siege ac-
cordera de toutes ces choses ; mais les Missionnaires qui les demandent recevront toûjours ses ordres avec une entiere soumission, &
un parfait agrément, de quelque maniere qu'il
juge à propos d'en user, soit qu'il accorde, ou
qu'il refuse.

 Avant que de finir ce Chapitre, on ne

peut se dispenser de dire que dés cette année on comptoit environ cent mille Chrétiens dans le Tonquin, & qu'entre les huit Prêtres naturels du Païs, qui travailloient auprés deux, il n'y en avoit aucun qui ne fût d'une vertu & d'un zele extraordinaire ; jusques-là qu'un des Missionnaires François écrivoit qu'il eût falu une Relation particuliere pour raconter en détail les grandes actions par lesquelles ils avancent le Royaume de JESUS-CHRIST ; Ce Missionnaire ne pouvant rapporter la vie de tous, se contente de décrire en peu de mots la mort surprenante d'un d'entr'eux qui s'appelloit le Pere Vito ; Ce vertüeux Prêtre passant selon la coûtume la nuit d'un Samedy avec les Chrétiens, dont la pratique est de s'assembler en ce temps-là pour celebrer plus saintement le jour du Dimanche, il commença les prieres ordinaires avec une ferveur qui luy estoit toute particuliere, & il s'en faloit peu qu'il ne les eût achevées, lors qu'il se teût tout à coup demeurant à deux genoux les mains jointes ; Le respect qu'on avoit pour sa personce & pour la fonction qu'il faisoit pour lors, fit qu'on attendit quelque temps sans oser s'approcher de luy pour le prier de continuer, & pour sçavoir la cause de son silence ; mais enfin voyant qu'il ne se mettoit point en devoir de reprendre où il s'étoit arrêté, on vint l'avertir tout doucement à l'oreille qu'il eût la bonté de finir, & l'on fut extremement surpris, lors qu'on le trouva insensible comme une statuë: D'abord on put aisément penser qu'il estoit en extase, parce que son corps se soûtenoit sans tomber; mais on eut bien-tôt des marques certaines qu'il estoit mort, & l'on a sujet de présumer, que son ame estant aussi pure & aussi fervente qu'elle estoit, il passa de l'Oraison des Fideles à la gloire des Bien-heureux; où il ne manquera pas de solliciter puissamment les interests de sa Patrie, & d'appuyer par son crédit les desirs, les prieres & les penitences de prés de cent Filles Tonquinoises, qui vivent en Anges dans plusieurs Communautez sous le nom *des Amantes de la Croix*, & dont les premieres n'ont commencé la vie qu'elles ménent qu'en 1670. depuis lequel temps on a toûjours veû croître leur vertu avec leur nombre.

CHAPITRE V.

La persecution continüe toûjours un peu dans le Tonquin en 1677. mais l'on ne laisse pas d'y travailler avec früit.

ON apprend par les lettres de Messieurs Deidier & de Bourges de l'année 1677. qu'un Idolâtre, auquel un Gouverneur de Province avoit donné charge d'observer exactement ce qui se passeroit dans un Canton dont il se défioit fort, s'estoit acquitté de cette commission avec tant de soin, qu'il avoit découvert des choses dont la connoissance estoit capable de faire de grands maux, si Dieu n'en eût aresté le cours.

Cet infidele fit sçavoir au Gouverneur qu'il y avoit à Kien-lao une Parroisse de Chrêtiens fort nombreuse, où les autres Fideles de tous les lieux circonvoisins s'assembloient en foule aux jours de Festes, & il le pria de luy envoyer non seulement la troupe de soldats qu'on avoit déja commandez pour ce même lieu dans un autre veüe, mais aussi le pouvoir en forme de faire arrester le Prêtre qui avoit soin de cette Eglise, & qui s'appelloit M. Simon. On luy accorda ce qu'il demandoit, mais la chose ne fut pas si secrete, que les

Missionnaires François n'en fussent avertis, & ils envoyerent aussi-tôt dire à M. Simon qu'il se retirât promptement, & qu'il emportât avec luy tous ses ornemens. A peine estoient-ils partis, que les soldats arriverent, & ils ne trouverent que deux Vieillards qui estoient députez pour netoyer l'Eglise & pour l'orner, ils les firent prisonniers, & aprés avoir dessigné sur le papier avec de l'ancre les sept maisons où l'on s'assembloit, ils menerent ces pauvres gens au Gouverneur, qui leur ayant demandé sur le champ pourquoy ils avoient eu la temerité de bâtir une si grande Eglise contre les Ordonnances du Roy; l'un d'eux luy répondit avec une fermeté admirable, que puisque l'on voyoit tous les jours bâtir des Temples magnifiques par le Roy & par les Grands de l'Etat en l'honneur de quelques fausses divinitez, il ne faloit pas s'étonner qu'ils eussent élevé du moins quelques maisons, où l'on pût adorer le Souverain Seigneur du Ciel & de la Terre, non pas avec toute la magnificence qu'il merite, mais du moins avec quelque sorte de bien-seance.

Il sembloit que cette réponse devoit mettre le Gouverneur en colere, mais celuy qui la fit, avoit l'air si simple, & il paroissoit tant d'ingenüité dans sa maniere de parler, que le Gouverneur se modera, & il se contenta d'ordonner à ses gens qu'ils tirassent de luy & de son compagnon par des menaces seulement le nombre des Fideles qui demeuroient à Kien-lao. Cependant quoique ce nombre passât celuy de mille, ils ne declarerent que le nom de deux Peres de famille, qu'ils choisirent entre cinquante autres, qui tous vouloient bien estre nommez. Le Gouverneur cita ces deux hommes devant luy, il les maltraita de paroles, il leur fit payer environ dix écus d'amande, & en les renvoyant chez eux il commanda à son Lieutenant d'aller brûler les sept maisons dont on luy avoit apporté le plan; Et il auroit donné le même ordre contre plusieurs autres Eglises des Villes & des Bourgades voisines, si l'on n'en eust osté l'Autel & les Images, & si l'on ne les eust mises dans un état qui fît croire qu'elles estoient les maisons publiques où les Magistrats & les peuples avoient coûtume de traiter de leurs affaires temporelles.

Il y avoit à trois lieües de la maison des Missionnaires un Bourg appellé Li-nhem, où quinze familles Chrêtiennes furent traitées avec beaucoup plus de dureté. Les Payens voyans une mortalité extraordinaire dans leurs troupeaux, ils en imputerent la cause (comme autrefois dans les premiers siecles de l'Eglise) à ceux qui ne vouloient plus participer à leurs Sacrifices, ny adorer avec eux l'Esprit tutelaire du lieu, & sans autre forme de procez, ils entrent avec violence dans leurs logis, ils y pillent tout ce qu'ils rencontrent & ils y frappent si cruellement tous ceux qui se presentent à eux de l'un & de l'autre sexe, qu'une pauvre femme grosse, qui estoit aveugle, en acoucha d'un enfant mort. Ils ne s'en tinrent pas-là; Car comme si ce n'eut pas esté assez d'avoir reduit ces Chrêtiens à une extréme pauvreté, ils les traînerent au Palais du Gouverneur, qui pour lors estoit absent. Son neveu faisant sa charge les taxa à une somme considerable, qu'il falut emprunter des autres Eglises, parcequ'ils n'estoient plus en estat de la payer. On usa presque de la même rigueur en deux autres endroits, mais tous les Fideles ne furent pas également genereux par tout; Car six ou sept familles, qui avoient resisté plusieurs fois à de pareilles persecutions, lassées enfin de combattre, aimerent mieux perdre la Foy, que le reste de leurs biens; en quoy l'on ne peut assez admirer la profondeur des Jugemens de Dieu, qui soûtient les uns par misericorde, pendant qu'il laisse tôber les autres sans injustice, toûjours profond dans ses secrets, & adorable dans sa conduite.

Il fit éclatter cette année-là la rigueur de ses châtimens sur deux Officiers d'une Province, qui avoient fait brûler l'année précedente quatre Eglises, aprés en avoir pris tous les Vaisseaux sacrez & le petit meuble d'Autel. L'un estoit Lieutenant de

Roy, & l'autre son sous-Lieutenant. Le premier fut accusé d'avoir fait des vexations indûes au peuple de son département, & d'avoir excité fort souvent les Capitaines aux jeus de hazard ; Dés qu'il en fut convaincu, on le dépoüilla de ses Charges, & on le condamna à une amande beaucoup plus grande que n'estoit tout le butin qu'il avoit pû faire en persecutant les Chrêtiens. A l'égard de son sous-Lieutenant, la Providence divine prit un autre tour pour le punir, en le faisant luy-même, sans qu'il y pensât, l'instrument de sa propre punition ; Il mit en prison une femme qui luy devoit quelque chose, cette femme mit sa fille en sa place du consentement de son creancier pour avoir la liberté d'aller à l'emprunt, & de se mettre en estat de le satisfaire ; mais ce malheureux estant devenu passionné de cette jeune prisonniere jusqu'à vouloir luy faire outrage, la mere l'ayant sceu, elle reprit sa place, & elle parla si fortement à ce miserable, que ne pouvant souffrir des reproches si vehemens & si honteux il la fit battre jusqu'à la mort avec la derniere cruauté ; Et pour donner lieu de croire au public qu'elle s'estoit tuée elle-même, il la fit pendre la nuit à la porte de la maison où elle demeuroit, comme si elle se fût penduë & étranglée de ses propres mains. Mais le Gouverneur ayant esté informé de la verité des choses, il degrada cet homme de son Office, & il le condāna à une somme que ny luy, ny ses parens, ny ses alliez ne pouvoient faire tous ensemble.

Il y eut beaucoup d'autres occasions où Nôtre Seigneur prit la défense de ses serviteurs contre ceux qui les attaquerent, & quoique ces sortes d'attaques fussent frequentes, il n'y en eut aucune dont les Chrêtiens ne sortissent avec avantage par une protection visible du Ciel contre toute attente. Cette consolation ne fut pas la seule que Dieu donna aux Missionnaires Apostoliques ; Car premierement dans la douleur qu'ils avoient toûjours eüe depuis qu'ils avoient sceu la détention de M. d'Heliopolis aux Philippines, rien ne pouvoit leur estre plus agreable que d'apprendre qu'il n'y estoit plus, qu'il avoit passé par la nouvelle Espagne, & qu'on le devoit conduire à Madrid avec toute sorte d'honneur. Or c'est ce qui leur fut mandé dans les lettres qu'on écrivit de Manille aux deux Religieux de Saint Dominique qui estoient venus travailler avec eux dans le Tonquin l'année precedante.

Deplus dans la juste crainte qu'ils eurent d'estre separez de ces deux excellens Religieux, qui avoient pour la seconde fois resolu de retourner aux Philippines, non point par legereté d'esprit, mais dans le doute où ils estoient de l'intention de leurs Superieurs, la Providence disposa les choses de maniere que ce que l'on avoit apprehendé, n'arriva pas ; Il est vray que l'on fut sur le point de voir executer un dessein si préjudiciable à la Religion, car tout estoit prest pour le départ ; le Gouverneur de la Province avoit donné sa permission, les Religieux alloient se mettre en mer pour aller à Bantan, & on leur avoit déja donné les paquets, que l'on vouloit faire passer en Europe, lorsque Mrs Deidier & de Bourges firent un dernier effort auprés d'eux avec toute l'instance imaginable, pour les conjurer au nom de Dieu de ne pas les abandonner dans la conjoncture presente, où l'on pouvoit esperer tant de fruit de leurs travaux ; ils se rendirent enfin à des prieres si pressantes ; leur cœur ayant esté changé tout d'un coup par l'operation secrete de Dieu, toutes leurs difficultez se dissiperent, & ils se dévoüerent entierement au service de cette Mission avec plus de determination que jamais.

Aprés avoir gagné cette victoire sur eux, il faloit pourvoir à leur seûreté, & cela ne se pouvoit qu'en trouvant le moyen de les cacher dans le Royaume, de maniere que les Magistrats fussent persuadez qu'ils n'y estoient plus; Il estoit donc necessaire de laisser courir le bruit qu'ils s'embarqueroient par la premiere occasion, & de leur ménager une barque de gens affidez qui les ramenât dans quelque port, quand on n'y penseroit plus ; Il se presenta heureusement deux navires Chinois qui se disposoient tout à propos à partir de l'emboucheûre du grand fleuve, qui voulurent bien donner passage à ces deux Dominicains ; Ces navires s'estant arrestez en pleine mer pour y attendre le bon vent, & le bruit s'estant répandu que les Religieux monteroient sur l'un ou sur l'autre bord, ils se mirent dans une chaloupe, comme pour les aller joindre ; mais lorsqu'ils furent hors de la portée des yeux, il leur fut aisé de revenir à terre *incognito* après quelques heures à la faveur de la nuit, & ils se firent descendre prés d'une petite Chapelle bâtie sur le bord de la mer, dans laquelle ils s'enfermerent, comme ils en estoient convenus avec les Prêtres François : ils y demeurerent sans paroître quinze jours aprés le départ de ces deux vaisseaux, & pour lors quelques Neophites vinrent les prendre en cachete pour les mener dans une Bourgade toute Chrêtienne, qui avoit esté baptisée des propres mains de Mrs Deidier & de Bourges, & qui par consequent témoigna un zele tout particulier pour cacher selon leur intention ceux qui devoient estre inconnus & qui pretendoient se servir de ce temps de retraite & de solitude pour se perfectionner dans la langue vulgaire du Païs.

Quelque temps s'estant écoulé M. Deidier écrivit à un Prêtre Tonquinois qui avoit l'administration de la Province de Nghe-An de faire en sorte auprés de quelques Chrêtiens des plus âgez & des plus fervens, qu'on pût les faire entrer dans cette Province-là, parcequ'on la leur avoit destinée comme celle qui leur estoit alors la plus propre, à cause qu'elle estoit plus éloignée de la Cour & des Grands Seigneurs, particulierement du Gouverneur dans le gouvernement duquel la maison des François estoit bâtie, & que d'ailleurs estant entrecoupée quasi par tout de canaux, sûr lesquels plusieurs barques de Marchands vont & viennent incessamment, il estoit plus aisé à des Missionnaires d'y trouver des moyens d'échaper aux recherches des Magistrats, & de se répandre en plusieurs endroits pour assister les Chrêtiens. Ce digne Prêtre fit tout ce qu'il put pour executer l'ordre qu'il avoit receu, mais ceux ausquels il s'adressa, n'ayans pas crû avec toute leur ferveur qu'ils pussent prudemment entrer dans ce qu'on leur proposoit, & qu'ils deûssent se mesler en aucune façon d'introduire ces deux Espagnols dans leur Province, il se sentit obligé de l'entreprendre luy-même, & il donna sa barque & ses domestiques pour les conduire jusqu'où l'on jugeroit à propos, sans que personne de la Province parût y avoir de part.

Quand on fut hors d'inquietude de ce côté-là, on rentra incontinent dans une autre ; car un certain Marchand Chinois qui s'étoit embarqué sur l'un des deux vaisseaux, dont nous avons parlé, pour aller à Batanie, étant revenu à pied à Hien en sa maison, il dit au Gouverneur & à ses Officiers, que la navigation n'ayant pas esté heureuse, à cause que la saison en étoit passée, ces navires avoient esté contraints de relâcher à l'Isle Bang prés des costes de la Province de Nghê-An, & qu'ils seroient bien-tôt au port d'Hien; Un des principaux Secretaires du Gouverneur, qui n'étoit pas moins ennemy de nôtre sainte Foy que son Maître, ayant appris je ne sçay comment de ce Chinois que les deux Espagnols ne s'étoient point embarquez, comme on l'avoit crû, sur aucun de ces deux vaisseaux, il envoya aussi-tôt des espions dans les lieux de sa Province, où l'on disoit qu'il y avoit plus de Chrêtiens, pour sçavoir à quelque prix que ce fût où ils étoient. Peu s'en falut que tout le mistere ne fût découvert; Mais comme Dieu ne manque jamais aux siens dans la plus grande extremité de leurs affaires, les Dominicains vinrent à Hien sans accident; qui que ce soit des fideles, qui les avoient servy pour les cacher, ne fut connu; & il ne resta au Gouverneur aucune preuve evidente qu'ils fussent demeurez dans le Royaume.

Il faut ajouter à cela un autre evenement imprèveu, qui acheva de les combler tous de consolation. Dans le même temps que l'on cherchoit quelque vaisseau qui partist, & sur lequel les deux Religieux pûssent faire semblant de s'embarquer, lors que la saison de l'arrivée des vaisseaux, qui viennent du côté du midy, étoit passée, on sçeut qu'il en étoit venu un de Siam, qui en étant party au mois d'Aoust, avoit paru à l'emboucheûre de la riviere du Tonquin le 17. Septembre avec d'autant plus de bon-heur, que l'on avoit moins de sujet de s'y attendre. D'abord la seule joye qu'on eut fut l'esperance de pouvoir se servir de ce vaisseau pour faire croire que les deux Espagnols ne perdroient pas l'occasion de s'en aller avec lui, lors qu'il s'en retourneroit ; Mais la satisfaction fut bien plus grande, lors qu'on apprit que ce vaisseau amenoit un troisiéme Religieux de l'Ordre de S. Dominique, qui s'appelloit le P. Denis Moralés né en Sardaigne ; car pour lors ses deux Confréres regarderent son arrivée comme une assûrance que Dieu leur donnoit de sa volonté, pour qu'ils demeurassent tous trois à travailler dans sa vigne ; & ils y furent encore merveilleusement encouragez par la consideration du secours de deux autres Prêtres Tonquinois que ce Pere amenoit en sa compagnie, & qui ayans esté envoyez à Siam par ce vaisseau au commencement de l'année, pour y estre élevez au Sacerdoce, estoient revenus par la même voye dans leur Patrie, apres avoir receu les ordres, pour en exercer les fonctions, & pour partager les travaux de l'Evangile avec les Ouvriers Apostoliques qui faisoient grand fond sur la capacité & sur le zele de ces derniers.

C'est ainsi que Dieu combla l'Eglise Tonquinoise de plusieurs biens tout à la fois par la venuë d'un seul petit bâtiment. Et l'on auroit joüy long-temps en repos de tous ces avantages, si les trois Dominicains eussent pû demeurer tous ensemble dans ce Royaume; mais celuy qui estoit le Superieur fut obligé pour des raisons tres-pressantes d'en sortir pour repasser à Manille par la voye d'vn vaisseau Anglois qui partit pour Bantan vers le 10. Decembre; & cette separation fut d'autant plus douloureuse, que c'estoit un rare sujet, un fort bel esprit, d'vne grande erudition, & qui avoit enseigné la Theologie dans son ordre. Peut-estre que les considerations, qui l'ont fait quitter, cesseront avec le temps, & que la Providence, qui dispose de ses serviteurs comme il luy plaist, le mettra en estat de revenir. On eut besoin pour se consoler de cette perte, d'apprendre pour lors par les memoires, qu'on envoya de toutes les Eglises du Tonquin, que l'on avoit baptisé cette année-là six mille cinq cens vingt-trois personnes, Confessé cinquante-neuf mille neuf cens dix-huit, Communié trente-quatre mille sept cens quatre-vingt onze, fait deux cens quarante-huit Mariages en face d'Eglise, & donné l'Extréme-Onction à cent dix-huit Malades.

L'on ne parle point icy de ce que les RR. PP. Jesuites avoient fait de leur côté, parceque no Missionnaires n'en sçachans pas le détail, il n'ont pû nous le mander, mais ils nous écriven seulement que le seul Pere Ferreira leur avoi dit que dans la Province de Nghê-An il avoi administré le Baptéme à plus de neuf cen ames; & ils sçavoient d'ailleurs qu'il ne se pas soit presque pas de nuit que son Compagno & luy n'entendissent prés d'une centaine d penitens, quand ils pouvoient s'appliquer à la fonction du Tribunal.

Entre tous ceux qui travailloient sous la dé pendance des Vicaires Apostoliques, il y en eut un que Dieu distingua des autres par une be nediction extraordinaire dés le commence ment de l'année vers les premiers jours de Fe vrier. Celuy-là s'appelloit M. Martin, Prêtre naturel du Tonquin; Il avoit presché JESUS-CHRIST avec tant de grace & de bon-heur dans un certain Bourg assez peuplé, qu'il le convertit tout entier, & il en baptisa tous les habitans, sans en excepter un seul, dans une même Ceremonie. C'est par cet evenement particulier que finit la Lettre de Mrs Deidier & de Bourges du 22. Fevrier 1677. au lieu que leur Lettre posterieure du premier Decembre se termine par l'abregé de ce qu'on avoit fait en general durant tout le cours de l'année. Ces deux lettres s'adressoient à Nosseigneurs les Cardinaux

Cardinaux de la sacrée Congregation de la propagation de la Foy, Et dans la derniere ils leur demandoient deux choses. La premiere est la décision de plusieurs cas, dont ils envoyoient la liste à Rome, & la seconde est la dispense de celebrer les Festes dans le Tonquin, comme le S. Siege l'avoit accordé aux nouveaux Chrêtiens des Philippines, & cela en partie à cause de la pauvreté de la pluspart des Tonquinois nouvellement convertis, qui ont besoin de travailler tant pour vivre, que pour pouvoir payer de temps en temps les taxes que les Magistrats exigent d'eux en haine de la Religion, outre la Taille qu'ils payent au Roy: en partie aussi à cause qu'estans encore foibles dans la Foy, & accablez sous l'autorité des grands Seigneurs qui les occupent souvent malgré eux depuis le matin jusqu'au soir, il semble qu'il soit à propos de les décharger, autant qu'il est possible, de tous les devoirs onereux de la Religion Chrêtienne, qui ne pouvant souvent compâtir avec les services qu'ils rendent aux Maîtres dont ils dépendent pour subsister & pour vivre en paix, leur donneroient peut-estre occasiõ de renoncer à la Foy, comme il est arrivé à quelques-uns. Ces Missionnaires ajoûtent encore d'autres raisons pour appuyer ce qu'ils demandent, mais il ne paroist pas necessaire de les transcrire icy toutes, il suffit qu'elles soient proposées à ceux à qui il appartient de les pe-

I.

fer, pour donner la resolution qu'il faudra suivre.

Enfin ces mêmes Prêtres François aprés avoir protesté qu'ils attribüent au zele de leurs Eminences le fruit qui se fait au Tonquin, & qu'ils craignent diminuer par leur propre negligence celuy qu'on y pourroit faire encore plus abondamment, ils les conjurent de leur obtenir de Dieu le pardon de toutes leurs fautes, de leur donner toûjours les Ordres du S. Siege pour la conduite de tant d'ames, & sur tout d'expedier promptement M. l'Evesque d'Heliopolis à Rome, afin qu'il puisse aller rejoindre son cher troupeau qui soûpire depuis si long-temps aprés luy.

RELATION DES MISSIONS ET DES VOYAGES DES EVESQUES

VICAIRES APOSTOLIQUES,
ET DE LEURS ECCLESIASTIQUES
és Années 1676. & 1677.

TROISIEME PARTIE.

De la Chine, de Camboye & de Ciampa;

Avec les Voyages de quelques Missionnaires aux Indes.

CHAPITRE I.

Ce qu'on a découvert de nouveau de l'état des affaires de la Chine.

UN des Missionnaires écrivoit en l'année 1677. que quoiqu'il eût mandé les années precedantes tout ce qu'il avoit pû sçavoir de l'Empire de la Chine ; Neantmoins ayant oüy dire depuis peu beaucoup de choses qu'il ne sçavoit point pour lors, il se croyoit obligé de communiquer avec fidelité tout ce qu'il en avoit appris, afin d'éclaircir les relations qu'on a fait courir de l'entrée du Tartare dans ce grand Etat, & de faire connoître les veritables causes de toutes les revolutions qu'on y a veües, qui montrent avec évidence qu'il n'y a point de Royaume assez solidement estably, pour ne pas estre renversé plusieurs fois en peu d'années, lorsqu'il plaist à Dieu d'en donner le spectacle à l'Univers.

Les deux derniers Empereurs qui ont regné dans la Chine estoient, à ce que l'on dit, deux freres, dont le cadet avoit beaucoup plus de merite que l'aîné : Celuy-cy que le droit seul de la naissance avoit élevé sur le thrône par préference à l'autre, estoit si fort ensevely dans les delices & dans la mollesse de la Cour, qu'il estoit devenu comme incapable de gouverner & presque inutile à ses peuples ; Aussi en abandonna-t'il le gouvernement à des Ministres, qui se rendirent bien-tôt redoutables aux Grands Seigneurs par leur ambition, par leur avarice, & par une espece de tyranie, sans que le Prince son frere, qui en estoit bien informé, eût assez de credit pour arrester le cours de tant de maux, parcequ'il n'entroit point dans le Conseil, & qu'il n'avoit aucune part aux affaires.

Il seroit difficile de rapporter icy en détail les concussions, les meurtres & les horribles vexations qui se firent à la Cour & dans les Provinces, il suffira de dire que le mal fut si grand & si universel, qu'il paroissoit presque incurable, à moins que l'on n'en vînt à des remedes extrémes. La mort de l'Empereur donna d'abord quelque esperance d'y pouvoir remedier ; Car son frere ayant succedé à l'Empire, il prit dés son avenement à la Couronne toutes les mesures necessaires pour changer l'état des choses, & il commença par establir une espece de Chambre de Justice contre tous ceux qui avoient esté dans le ministere, afin de leur faire rendre un compte exact de leurs actions. Mais comme ils se virent perdus sans resource, s'ils ne prévenoient l'execution de cet ordre, ils penserent beaucoup plus à perdre leur nouveau Maître, qu'à se justifier eux-mêmes.

Ils dépecherent donc en diligence un Courier à l'un des principaux Gouverneurs des Provinces, pour luy donner avis de la resolution que l'Empereur avoit prise de les pousser, ils sçavoient bien que cet homme estoit assez ambitieux & temeraire pour trouver le moyen de défendre des personnes avec lesquelles il est à presumer qu'il avoit de fort grandes liaisons d'interest, & ils ne se tromperent pas dans leur pensée; Car dés qu'il eut fait la lecture de leurs lettres il conceut le dessein de déthrôner son Souverain, sans en rien communiquer à personne, & il publia qu'il avoit receû un commandement exprés de sa Majesté de faire au plûtot un puissant corps d'Armée pour aller la joindre & la soûtenir. Il se mit à la teste de ses troupes, & il marcha avec une vitesse incroyable jusqu'aux portes de Pequin Capitale de l'Empire, avant que l'Empereur eût aucun avis de sa marche; parceque tous ceux qui approchoient sa Majesté estoient gagnez, & qu'ils estoient complices de la revolte du Gouverneur, sans connoître neantmoins jusqu'où alloit la malignité de ses veritables intentions. Il luy fut aisé d'entrer la nüit dans la Ville par les grandes intelligences qu'il y avoit, & prenant le nom supposé du Roy des Tartares, il pilla, brûla, massacra avec une cruauté plus que barbare.

On éveilla brusquement l'Empereur pour luy donner une nouvelle aussi étonnante que celle-là, & soit que la frayeur luy ostât tout à coup le jugement, soit qu'en effet il fût pressé trop vivement & de trop prés pour avoir le temps de se défendre ou de se sauver, il s'enferma dans un de ses cabinets, où il s'étrangla de ses propres mains, ce qui passe pour un prodige de courage parmy les Chinois lorsqu'il n'y a plus d'esperance de salut.

Le Gouverneur en fut incontinent averti,

& ne trouvant plus de Prince fur le Thrône pour luy refifter, il s'y efleva fans peine, il crut que pour s'y affermir il faloit fe défaire fans delay de tous les Princes du fang Royal dont on put avoir connoiffance; il remit tous les Miniftres mécontens dans leur premiere authorité, & pour gagner non feulement les Grands Seigneurs, mais auffi les peuples, il fit de grandes carreffes aux uns & des largeffes aux autres; Que s'il s'en trouva quelques-uns qui luy paruffent conferver les fentimens d'une fidelité inviolable pour la maifon du legitime Souverain, il n'épargna ny promeffes, ny menaces, ny fupplices pour les attirer à fon party, & il falut ou plier honteufement fous fa domination, ou mourir cruellement fous fa tyranie.

On dit qu'il y eut un nombre tres-remarquable des principaux de l'Etat qui s'offrirent genereufement pour être brûlez, écartelez & coupez par morceaux; il y en eut un entre tous les autres qui fe fignala d'une maniere admirable, c'eftoit un des plus puiffans Gouverneurs, âgé de quatre-vingt ans, & dont le fils eftoit Generaliffime d'un million d'hommes que l'Empire fouldoyoit pour la garde de la grande muraille qui fepare la Chine de la Tartarie; ce venerable vieillard fut mené par furprife à l'Ufurpateur, qui voulant s'en faire une creature à quelque prix que ce fût, luy fit de riches prefens, luy offrit la seconde place de l'Empire, & luy promit d'acroître les Charges & la fortune de son fils; mais il trouva un cœur trop genereux pour le rendre sensible à tant de grandeurs contre son devoir. Ce Heros par une élevation d'ame digne du Christianisme, quoiqu'il fut Payen, méprisa les tresors, les emplois & la personne même du Tyran, dont la fausse amitié s'étant changée en une veritable fureur, on inventa de nouveaux tourmens pour faire languir en secret un homme caduc, sans luy avancer la mort d'une maniere si violente & si visible, qu'elle donnât occasion à son fils, quand il le sçauroit, d'entreprendre de la vanger ou par luy-même avec son Armée, ou par les Tartares qu'il pouvoit introduire dans le Royaume.

Toutes les precautions qu'on put prendre n'empêcherent pas ce fils d'avoir des avis certains du mauvais traitement que l'on faisoit à son pere, & ne pouvant souffrir qu'il fût prisonnier, ny qu'on voulust s'en défaire à petit bruit, il prit la resolution d'appeler le secours étranger que l'Usurpateur craignoit; il traita avec l'Empereur Tartare, il luy ouvrit la muraille & le fit entrer avec trente mille hommes, qui soutenus des Chinois mêmes, se rendirent entierement Maîtres de toute la Chine en moins de deux ans, aprés avoir détruit toute la faction du Tyran.

Ce nouvel Empereur, pour se concilier plus facilement les esprits, abandonna son propre païs pour tenir sa Cour à Pequin, & il s'accommoda à toutes les manieres de ses sujets conquis, tant pour la Religion, que pour la Politique, excepté ce qui regardoit les cheveux qu'il fit couper à tout le monde à la mode des Tartares; ceux qui ne pûrent se resoudre à luy obeïr, se retirerent partie dans l'Isle Formose & dans d'autres Isles, partie dans plusieurs differens Royaumes de l'Orient; de sorte qu'on en voit encore aujourd'huy à Siam, à Camboye, à la Cochinchine, au Tonquin, à Macao, aux Philippines, à Batavie, à Bantan, & en d'autres lieux, où ils ont esté obligez d'entrer dans le commerce pour subsister, quoique ce soit parmy eux un des-honneur de chercher à vivre & à s'enrichir par le negoce dans les Païs étrangers.

Le Tartare a passé prés de vingt ans dans une profonde paix, étant obeï & honoré parfaitement; mais en 1674. ou 1675. les Chinois se souleverent, & l'on assûroit trois ans aprés, qu'il n'y avoit presque aucune Province qui n'eût quelque Maître particulier; L'on raportoit trois causes de ce grand soulevement, & l'on ne peut dire avec certitude, laquelle des trois est la veritable, ou si elles n'ont pas concouru toutes ensemble, ou enfin s'il n'y en a point quelque autre qui soit plus secrete & plus vraye.

La premiere cause, qui se dit plus ordinairement, & qui est reçeüe avec plus de creance, C'est qu'un Gouverneur de trois Provinces a eu assez d'addresse & de fidelité pendant les troubles, pour sauver, nourrir, & élever un enfant de l'un des deux Freres, qui ont esté les deux derniers legitimes Empereurs de la Chine ; Ce Gouverneur voyant ce jeune Prince du sang Imperial en âge de faire valoir ses droits, & se croyant assez de force pour le soûtenir contre le Tartare, le produisit aux peuples de ses trois Provinces, qui s'attacherent à sa personne, & qui par leur exemple luy acquirent l'obéïssance de quelques autres ; De sorte qu'en 1676. & 1677. l'on faisoit courir le bruit qu'il n'y avoit plus que les Provinces de Nanquin & de Pequin sous la domination du Tartare, encore disoit-on qu'il étoit assiegé dans la Ville Capitale de la derniere, dont elle porte le nom.

La seconde cause à le même fondement ; car elle suppose qu'il y a effectivement un successeur legitime de la Couronne Chinoise, que l'on a caché avec beaucoup de bonheur pendant quelques années pour le faire reconnoître en temps & lieu ; Mais il y a cecy de different, qu'au lieu que dans la premiere opinion, l'on attribüe à un Gouverneur de trois Provinces tout ce qui s'est fait pour mettre au jour ce succeſſeur : Dans la ſeconde l'on établit pour premier mobile de cette noble entrepriſe, le Generaliſſime qui garde la grande muraille, & qui, comme l'on dit, preſſé d'une part du regret d'avoir introduit la tyrannie dans la Chine, & de l'autre du deſir de reparer ſon honneur en rendant la liberté à ſa Patrie, a voulu remettre les Princes legitimes ſur le Thrône; Et l'on aſſûroit comme une choſe conſtante en l'année 1676. que le Tartare étoit aux abois, & que l'année ſuivante il premeditoit ſa retraite en Tartarie, parce qu'il n'oſoit plus ſe fier aux Chinois.

La troiſiéme cauſe eſt l'ambition du Prince de l'Iſle de Formoſe, qui s'appelle Hiquang; Son pere, dont il porte le nom, a été le premier de ſa race qui s'eſt élevé à cette Principauté; on pretend qu'il n'avoit pas de naiſſance, & qu'étant du nombre de ces Chinois qui s'étoient refugiez dans les Eſtats voiſins de la Chine aprés l'entrée du Tartare, il avoit été nourry à Macao, & qu'il y avoit demeuré long-temps dans des emplois aſſez bas: Qu'enſuite il étoit paſſé à Formoſe, ou par ſon addreſſe & par ſa valeur, il s'eſtoit fait Chef d'une troupe de braves gens de ſa nation, & que le nombre de ceux qui s'attachoient à luy, groſſiſſant de jour en jour, il s'en étoit ſervi pour s'oppoſer aux Holandois qui dominoient dans cette Isle depuis plusieurs années; Qu'il les avoit battus en campagne, assiegez dans leur Forteresse, & obligez enfin à le laisser Maître du Païs, dont il se fit le Souverain.

Son fils encore plus politique que luy, se voyant l'heritier de sa Grandeur, n'a point voulu prendre le titre de Roy : mais sous cette pretendüe moderation, il n'a fait que cacher les grands projets qui ont paru depuis peu de temps, lorsqu'il s'est fait appeller le Restaurateur de la liberté des Chinois contre les Tartares. On dit qu'ayant préveu de longue main qu'ils secoüeroient le joug tost ou tard, il s'estoit mis en estat d'entrer chez eux à la premiere occasion avec une bonne armée ; Que pour se tenir prest il avoit levé peu à peu des troupes, qu'il les avoit disciplinées avec grand soin par des reveües continuelles, & par toutes sortes d'exercices militaires ; & que craignant de donner en cela quelque jalousie aux Tartares, il avoit fait courir le bruit que tous ces preparatifs étoient contre les Isles Philippines, où il pretendoit que les Espagnols avoient fait mourir beaucoup de Chinois contre tout le droit des Gens. La suite a bien fait voir que ce n'étoit que le pretexte, & que le veritable dessein étoit de pousser ses conquestes dans la Chine ; car dés qu'il apprit les partis qui s'y étoient formez, il y entra sous l'apparence d'un genereux Li-

…berateur qui venoit aider sa Nation à recouvrer sa liberté. Et parce qu'il faloit faire un trajet de mer, il équipa, à ce qu'on dit, mille Vaisseaux & vint aborder heureusement aux ports de la Province de Chincheo, où il s'étoit menagé bien des partisans qui le firent recevoir beaucoup mieux qu'il ne l'esperoit : car on le reconnut pour Souverain, sans qu'il pensât presque à le demander ; & ayant fait une seconde armée pour attaquer, quand il voudroit, tout l'Empire par terre & par mer, il s'empara en moins de rien de toutes les côtes sans resistance.

L'on avoit crû que le jeune Gouverneur de Quantung (qui depuis que son Pere s'étoit demis entre ses mains du Gouvernement de cette Province, y avoit pris le nom de Roy) se defendroit avec vigueur pour conserver la dignité qu'il avoit usurpée ; Mais les nouvelles de l'année 1677. disoient que sur la fin de cette année-là il avoit fait sa composition avec le Prince de Formose, auquel il s'étoit soumis, & l'on ajoûtoit que ce Prince, aprés ce succés, se disposoit à envoyer sa Flotte à Pequin sous la conduite de son frere, pendant qu'il s'y rendroit luy-mesme en personne à la teste de son armée de terre. Cependant il faloit que toutes ces dispositions fussent bien chãgées en peu de temps ; puisqu'on nous écrivoit de Siam que le party des Tartares estoit le plus fort, & que les Provinces de Chincheo & de

Cantom s'estoient declarées pour luy; Nous ne pouvons pourtant rien asseurer sur cela, & nous nous contentons de dire ce que portent nos Lettres à mesure qu'on les reçoit; car quoy-qu'il arrive souvent que celles d'une année ne s'accordent pas avec celles de l'autre, nous ne ferons point de difficulté de nous retracter dans une relation de ce que nous aurons publié dãs les precedãtes sur les memoires qu'on nous envoye.

Quoyqu'il en soit, il est certain que toutes ces revolutions de la Chine ont esté en partie cause de ce que le Pere Gregoire de Lopez n'estoit pas venu à Siam se faire sacrer Evesque, bien qu'il eût fait esperer qu'il s'y rendroit en 1676. Et la mesme raison a obligé M. de Berithe de differer le depart des Missionnaires Apostoliques qui s'estoient disposez pour ce grand Empire, & qui devoient se joindre au P. Gregoire de Lopez pour y aller avec luy, lorsqu'il y retourneroit aprés son Sacre: L'on esperoit apprendre de sa propre bouche, le veritable estat de la Religion dans la Chine, car tout ce qu'on en publioit, paroissoit si incertain, qu'on ne peut quasi faire aucun fond sur les nouvelles qui se debitoient, & qui souvent se détruisoient les unes les autres. M⁽ˢ⁾ Deidier & de Bourges écrivoient en 1677. que cet Empire estoit par tout dans une combustion generale; que les Provinces de Cantom & de Chincheo avoient esté prises par le parti de ceux qui laissent croître leurs cheveux, & que neantmoins peu de temps aprés celle de Cantom estoit retournée sous la domination des Tartares ; l'une & l'autre Province avoit envoyé chacune un Ambassadeur au Roy du Tonquin : Et ce qui est remarquable pour le bien de la Religion Chrêtienne, c'est que ces deux Ambassadeurs, ayant sçeu que les deux François qui passoient pour Marchands ne l'estoient qu'en apparence, & cachoient sous cette qualité celle de Prêtres Missionnaires, ils les inviterent le plus honnestement du monde à aller dans leur païs, aussi bien que les Anglois, les Portugais, & les autres Europeans, & ils les assûrerent que les François y estoient extremement souhaittez : d'où Mrs de Bourges & Deidier prennent occasion de dire, que si la paix se faisoit entre la France & la Holande, & que si la Compagnie Royale pouvoit établir là son commerce, les Ouvriers Evangeliques iroient sans difficulté y planter la Foy selon le desir du S. Siege.

CHAPITRE II.

Des Royaumes de Camboye & de Ciampa.

IL y a plus de quarante ans que le Royaume de Camboye eſtoit ſous la puiſſance d'un ſeul Roy qu'on appelloit Ken-Thoá, il eut une fille & cinq fils qui partagerent tous cinq le Royaume aprés ſa mort, de maniere neantmoins que les quatre cadets faiſoient tous les ans hommage à Nac-chan leur aiſné, qui mourut au Royaume de Ciampa, priſonnier du Roy de Tonquin. Son frere Nác-Dách, qui luy ſucceda, le ſuivit de prés, & ny l'un ny l'autre ne laiſſa d'enfans. Kén-Thoà, qui eſtoit le cinquiéme des freres, eſtant mort auſſi bien-toſt aprés, on crut que ces trois Princes avoient eſté emportez par une mort violente ; mais ſans examiner ce qui en eſt, le dernier des trois laiſſa un fils apellé Cháy-Nhiet, qui a donné occaſion à toutes les guerres civiles de Camboye, de la maniere qu'on va le dire.

Des deux freres qui reſtoient, l'un s'appelloit Ba-Thom, & le ſecond Ou-Day ; le premier gouvernoit preſque luy ſeul tout l'Etat, & ne laiſſoit, pour ainſi dire, que le nom de Roy ſans authorité à l'autre. Celuy-cy
ayant

ayant pris pour femme sa propre niece, fille de feu Nac-Cham son frere aisné, le Roy Ba-Thom luy donna pour sa dot une belle Province de Camboye; ce Roy eut un fils & une fille, il maria sa fille à son neveu Cháy-Nhiet, & par un dereglement extraordinaire, il aima si passionnément son gendre, que pour l'élever davantage, il persecuta son propre fils, qui portoit le nom de Ken-Thoa son dernier Oncle, & il le contraignit de s'enfuïr dans les forests, pour y vivre en asseurance; Dieu punit l'injustice de ce Pere par la personne mesme en faveur de qui il l'avoit faite; car Cháy-Nhiet son gendre craignant que l'amour paternel ne vint à se reveiller en luy, & qu'il ne rappellât enfin son fils pour en faire son successeur à la Couronne, il le fit assassiner une nuit sans autre formalité, & fut aussi-tost proclamé Roy; Ou-Day frere du mort, & oncle de l'usurpateur, prevoyant que ce traître ne l'épargneroit pas, se sauva en Cochinchine en 1672. laissant à Camboye sa femme Luc-Moi-Hoa, qui estoit sa niece & cousine germaine du Tiran. Ce fugitif n'ayant point d'enfant masle, avoit adopté pour fils un Cochinchinois, nommé Nae-Nom qui n'avoit pas de naissance, mais qui reparoit ce defaut par mille belles qualitez, & il luy ordonna de demeurer auprés de sa femme.

Cháy-Nhiet regna deux années en paix,

K

s'eſtant mis en eſtat de reſiſter à tous les en-nemis qui auroient pû l'attaquer, excepté à ſes paſſions, qui le vainquirent bien-toſt le plus funeſtement du monde. Ce malheureux devint paſſionné de Luc-Moi-Hoã ſa couſine & ſa tante ; il trouva en elle plus d'honneur & de fidelité qu'il n'avoit d'amour & d'emportement, mais enfin il la preſſa tant, qu'elle luy fit eſperer ce qu'il deſiroit, & cachant ſous cette condeſcendance feinte, la forte reſolution qu'elle avoit priſe de le tuer de ſa propre main pour delivrer ſa patrie, elle le tua effectivement la nuit dans ſon lit, & dés le matin elle fit aſſembler toute la Cour pour declarer hautement ce qu'elle avoit fait ; perſonne ne pleura la mort de ce miſerable uſurpateur, & l'action de celle qui le tua parut ſi heroïque à tout le monde, qu'on ne crût pas pouvoir luy donner d'autre recompenſe que la Couronne.

Cette genereuſe femme fit dans cette occaſion des choſes ſi ſurprenantes, qu'il ſeroit difficile de trouver rien de plus beau dans les hiſtoires, ſoit profanes, ſoit ſacrées ; & il eſt aſſez probable que ce que l'on en va dire paſſera plûtoſt pour un Roman, que pour une verité. Car au lieu de profiter du preſent qu'on luy faiſoit pour élever ſon mary avec elle, elle ſe ſouvint que le Prince Ken-Thoa refugié dans les foreſts, avoit plus de droit qu'elle au

Royaume, dont il avoit esté chassé injustement par son pere & par son beau-frere, qui avoient pery tous deux en peu de temps ; & quoiqu'elle sceût bien que ce Prince ne l'aimoit pas : Cependant sans avoir égard, ny à son aversion, ny aux interests de son mary, ny à sa propre grandeur, elle eût le courage de preferer son devoir à tout ; ainsi elle refusa constamment la qualité de Reine qu'on luy offroit de si bonne grace : Elle dit qu'elle ne pouvoit consentir à faire ce tort à son cousin, & pour consommer une generosité si bien commencée, elle dépecha sur le champ deux Couriers, l'un à Ken-Thoa pour l'avertir de venir se mettre en possession du Royaume, & l'autre à son mary pour le rapeller de la Cochinchine à Camboye, où il pouroit vivre en bonne intelligence avec Ken-Thoa, & dans les mesmes honneurs qu'il avoit auparavant sa retraite, c'est à dire avec le nom de Roy, mais sans aucune autorité.

Ken-Thoa ne se fit pas beaucoup prier pour paroistre, & il fut receu avec l'applaudissement general de tous ses sujets, mais particulierement de cette genereuse parente, qui venoit de le vanger de son plus cruel ennemy, & de le mettre sur le Trône par des manieres si obligeantes. Tout autre que luy auroit reconnu un si grand bienfait, & changé son ancienne haine, en une parfaite amitié : Cependant, comme si son sejour dans les bois en eust fait une beste feroce & carnaciere, dés qu'il se vit maistre, il n'eut aucun sentiment d'honneur ny de reconnoissance, & n'osant persecuter ouvertement sa bien-factrice, il la fit mourir en traître ; c'est ainsi que ce monstre la recompensa de ses grands services, & qu'il se des-honora luy-mesme pour jamais, en se montrant aussi indigne de la Couronne, que sa cousine en estoit digne.

Le mary de cette Princesse ne sçavoit rien de cette trahison, lorsqu'il arriva à l'embouchure de la riviere de Camboye avec trois mil hommes que le Roy de la Cochinchine luy avoit donnez pour le soutenir, en cas qu'il en eust besoin. Son fils adoptif, (qui avoit épousé depuis peu la veuve du Tiran Chay-Nhiet, fille du Roy Ba-Thom, & sœur de Ken-Thoa lors regnant) vint l'avertir luy-mesme de tout ce qui s'estoit passé ; & comme les troupes Cochinchinoises avoient ordre de le suivre par tout, il les mena droit à la Capitale de Camboye, où il surprit si fort le nouveau Roy son neveu, qu'il le contraignit de se refugier une seconde fois dans les forests ; & aprés s'estre fait reconnoistre Roy, il renvoya les Cochinchinois chez eux avec des presens considerables pour leur Maistre, auquel il croyoit devoir cette espece de tribut.

Ensuite il s'apliqua à ruiner le party du fugitif, qui ayant emporté avec luy tous les tresors, & mené une armée considerable, tenoit le Royaume comme partagé entre deux rivaux ; Mais deux ans s'estans écoulez, sans qu'il pût l'obliger à se mettre en campagne, pour decider le different par une bataille, ny le porter à faire aucun traité pour pacifier les choses, il mourut luy mesme subitement sans avoir pû se donner un successeur.

Son fils adoptif Nac-Non pretendit luy succeder, & se fortifia dans la Capitale ; mais comme il vit peu de gens dans ses interests, il demanda la protection du Roy de la Cochinchine, qui luy renvoya deux mille hommes, en leur commandant de se saisir de Ken-Thoa, s'il estoit possible. Ce petit corps d'armée fit des prodiges de valeur ; Car quoique les ennemis fussent en bien plus grand nombre, il les batit plusieurs fois, & la maladie s'estant mise dans les deux Camps, l'on fit la paix dans une conjoncture où le Roy de la Cochinchine d'une part ne vouloit plus envoyer de secours à Camboye, parce qu'il craignoit quelque irruption des Tonquinois dans son propre Païs ; & de l'autre le Roy de Camboye Ken-Thoa, se voyoit pressé de la disette des vivres, & donnoit volontiers les mains à tout, plûtost pour se défaire des Cochinchinois, que pour calmer son Etat.

Les principaux articles de la paix furent,

Que Ken-Thoa & Nac-Non seroient tous deux Rois de Camboye; Que Nac-Non regneroit depuis la Capitale jusqu'à l'emboucheure de la riviere, c'est à dire qu'il occuperoit environ quatre-vingt lieuës de Païs, & que tout le reste jusqu'aux frontieres de Siam & de Laos seroit à Ken-Thoa, ce qui fut accepté de part & d'autre, & ponctuellement executé. Aprés quoy les Cochinchinois firent tout ce qu'ils purent pour avoir une conference avec Ken-Thoa, qu'ils avoient dessein d'enlever, mais il fut plus adroit qu'eux; Car ayant esté averty qu'ils vouloient se saisir de sa personne pour le mener à la Cochinchine, & peut-estre pour faire encore quelque chose de pis, il sceut temporiser fort à propos, jusqu'à ce que la saison de partir venant à les presser, ils se retirerent sans avoir rien fait.

Dés qu'ils furent hors de ses terres, il appella les Chinois de l'Isle de Formose à son secours pour recommencer la guerre, ils luy envoyerent des hommes sur trois vaisseaux; & les affaires de Nac-Non parurent en si mauvais estat, que ses meilleurs amis, prenans l'allarme, se sauverent où ils pûrent; ils revinrent pourtant presque aussi-tost, quand ils apprirent qu'il avoit défait ces troupes auxiliaires, & qu'il s'estoit maintenu contre tous ses ennemis. Aprés cette victoire, il fit un coup de politique sur la fin de 1676. car il sortit de la

Capitale, & alla camper à l'embucheure de la riviere, pour arrester les vivres, qui delà se répandent dans tout le Royaume. Cette entreprise luy réüssit, & l'on dit qu'il y avoit au commencement de 1677. plus de quatre cens barques chargées de ris à la Barre, de sorte qu'il avoit toutes choses en abondance, pendant que l'on manquoit presque de tout dans l'Etat de Ken-Thoa.

Ce fut environ vers ce temps-là que ces deux Rois envoyerent chacun de leur costé des Ambassadeurs à la Cochinchine, & l'on disoit que dans cette Cour là l'on n'estoit pas fasché qu'ils se détruisissent ; Mais sur la fin du mois de May, le bruit courut que Ken-Thoa & son fils estans morts presque en mesme temps, & le Roy de la Cochinchine ayant sceu qu'un gendre de Ken-Thoa soutenoit la guerre, il avoit écrit au Gouverneur de Fu-moy, qui est la Province la plus voisine de Camboye, de se tenir prest pour y entrer au premier ordre, pour aller secourir Nac-Non qu'il vouloit mettre en estat de regner seul.

M. Vachet estant arrivé à Siam le jour de la Pentecoste de cette année-là, il apprit en arrivant que le Gouverneur estoit effectivement entré à Camboye avec quinze cens hommes seulement, & l'on publia depuis qu'avec ce peu de gens il s'estoit emparé des ports, qu'il avoit poussé jusqu'à la Capitale, où le petit fils de Ken-Thoa s'estoit fortifié ; qu'il avoit pris cette Ville, & chassé ce Prince dans les bois ; qu'il avoit pillé, brûlé, saccagé les colonies des Chinois & des Portugais, qui s'étoient attachez à la fortune de Ken-Thoa ; & qu'il pouvoit donner la loy à tout le Païs, ce qui assurément ne devoit pas estre fort agreable au Roy de Siam, qui avoit eu jusqu'à lors des interests fort opposez à ceux des Cochinchinois ; Mais il est fort vray-semblable que le bon-heur & la puissance de ces derniers auront enfin terminé les guerres civiles de Camboye, & que ce Royaume pourra bien ressembler à celuy de Ciampa, où le Roy de la Cochinchine gouverne par des Officiers qu'il y envoye, quoiqu'il y laisse le titre de Roy à celuy qui avant les guerres avoit l'autorité legitime.

Tous ces troubles ont empesché les Vicaires Apostoliques d'envoyer des Missionnaires à Camboye, comme ils l'avoient résolu, & comme ils en avoient esté priez par les Chrétiens de cet Etat ; Mais on écrivoit à la fin de 1677, que dés qu'on auroit nouvelle que tout y seroit en paix, on y feroit passer celuy qui en a étudié la langue, afin de travailler auprés des naturels du Pays ; Car quoiqu'il y eut pour lors sur les lieux un Pere Jesuite, & un autre Prêtre seculier assez agé, l'état des affaires n'avoit pas pû permettre à l'un ni à l'autre d'entreprendre cette nouvelle Mission, & ils avoient esté contraints de se restraindre à donner les Sacremens à environ deux cens Chrétiens étrangers qui estoient venus se refugier là quelques années auparavant, aprés avoir esté chassez du Macassar par les intrigues de quelques Marchands d'Europe.

Le Royaume de Ciampa a esté plus heureux que celuy de Camboye ; car M. Mahot y passa dés la fin de l'année 1676. avec un Neofite Cochinchinois, qui avoit esté baptisé quelque temps auparavant à Siam, aprés y avoir porté durant plusieurs années l'habit de Religieux Chinois dans un Monastere qui est étably en cette Ville-là ; Ce Neofite avoit vécu en tresgrande estime avec ces faux Religieux, qui sont en grand nombre, & qui passent pour des Saints, à cause de leurs austeritez ; Et comme il s'estoit accoûtumé avec eux à n'user ny de viande ny de poisson, Dieu l'ayant éclairé & touché, il n'a point trouvé de peine à embrasser la vie Apostolique des Missionnaires, dont l'abstinence n'est guere moins rigoureuse. Il sortit donc de son Monastere malgré toutes les oppositions de ses amis, & il vint se jetter entre les bras des Vicaires Apostoliques pour aller travailler par tout où il leur plairoit luy donner Mission : Ces Prelats aprés y avoir bien pensé, crûrent devoir l'appliquer au Royaume de Ciampa ; parce qu'il y a plusieurs parens qui pourront estre fort utiles à M. Mahot & à luy pour y avancer les affaires de la Religion.

CHAPITRE III.

Les cinq Missionnaires arrivez à Surate en 1675. en partent en 1676. & arrivent à Siam.

Mrs Sevin, Thomas, de Clergues, Geffrard, & le Noir, s'estans rejoints à Surate sur la fin de 1675. comme on l'a dit dans la derniere Relation, ils en partirent le 9. Janvier de l'année suivante par la voiture des charetes du Pays tirées par des bœufs. M. Baron, qui leur avoit fait beaucoup d'amitié pendant leur sejour, voulut encore les accompagner le soir de leur depart avec un cortege assez nombreux jusqu'à un quart de lieüe de la Ville, où il leur donna à souper, & les embrassa tous ensuite avec de grands témoignages d'affection pour leurs Missions, & pour leurs personnes.

Le lendemain avant le jour ils commencerent tout de bon leur marche, & ils se rendirent en douze jours à Noringabat, sans avoir trouvé sur leur route aucune Ville, mais seulement de grands Villages qui sont fermez de petit murs contre les insultes des voleurs, dont le nombre est grand. Les habitans sont presque tous Gentils, & leur superstition est aussi incommode pour les alimens des voyageurs pendant le jour, que leur vigilance l'eſt pour le repos durant la nuit; Car comme ils font ſcrupule de tuer les animaux, on ne trouve quaſi rien à manger; & dés que les tenebres approchent juſqu'au lever de l'Aurore, ils poſent par tout des ſentinelles, qui pour marquer aux brigands que l'on eſt en garde, font un bruit confus de cors, de tambours, & d'autres pareils inſtrumens; d'où il arrive que le ſommeil eſt extrememement inquiet & interompu.

Noringabat n'eſt pas plus peuplé que Surate, quoique le circuit en ſoit plus grand, mais il eſt moins marchand & moins riche. C'eſtoit autrefois la Capitale d'un petit Royaume, qui eſt à preſent au grand Mogol: On y voit encore pluſieurs Maiſons de grande apparence, mais il n'y a pour toutes fortifications qu'une eſpece de Château ſur le haut d'une montagne, environ à une lieüe de diſtance: Les Miſſionnaires n'y coucherent qu'une nuit, parcequ'ils n'y trouverent point de Chrétiens qui euſſent beſoin de leur ſecours, & ils marcherent vers Beder, derniere Ville du grand Mogol, dont les avenuës ſont tres-agreables par l'aſpect de quantité de beaux Mauzolées; & comme c'eſt une Place frontiere, elle a une bonne enceinte de murailles: On y paſſa le premier jour de Fevrier, & eſtant entrez le jour ſuivant dans les Etats du Roy de Golgonde, on fut quatre jours aprés à la Ville capitale qui donne le nom à tout le Royaume ; quoiqu'à parler exactement il n'y ait que la fortesse qui s'appelle Golconde, & la Ville où est la Cour est appellée Bagnadat.

Cette Ville parut grande & peuplée à nos voyageurs, ils trouverent dans les ruës presqu'autant de monde qu'à Paris, quoique le Roy n'y fût pas pour lors, & qu'il eût mené plus de trente mille hommes à sa suite. Les Peres Augustins y ont soin d'un fort petit nombre de Chrétiens, entre lesquels on compte quatre-vingt François, qui depuis la prise de S. Thomé par M. de la Haye, avoient pris party dans les troupes de ce Prince, par la permission duquel ils avoient un Prêtre & une Eglise à une lieüe de la Ville.

Les voitures ordinaires du Pays sont, ou les bœufs que l'on monte comme les chevaux, ou des charettes attelées de bœufs, ou des paranquins, c'est à dire des brancars suspendus à un morceau de bois que plusieurs hommes portent par les deux bouts sur leurs épaules ; mais le voyage du Roy avoit si fort épuisé toutes ces sortes d'equipages, qu'aprés avoir attendu quatre jours inutilement sans en trouver, on fut contraint de prendre des chevaux, dont on ne se sert que rarement pour voyager : On les prit le dixiéme du mois, & l'on arriva le vingtiéme à Masulipatan, d'où la Cour estoit partie deux jours auparavant pour retourner à Bagnadat, & où elle avoit extremement rencheri les denrées par le sejour de quelques semaines; le vin même y estoit devenu si rare, qu'on en manqua plusieurs jours pour dire la Messe.

Si cette Cour estoit aussi leste, qu'elle est nombreuse, elle pourroit passer pour une des plus belles du monde; on la prendroit plutôt pour un Corps d'armée, que pour la suite d'un Prince: Nos Messieurs s'arrêterent trois ou quatre heures à côté du chemin pour luy laisser le passage, ils virent le Roy environ de trente pas dans un Paranquin magnifique, suivy de quarante ou cinquante autres tous fermez, où estoient ses femmes: Il y avoit plusieurs Seigneurs à la suite, & quantité de Cavalerie & d'Infanterie; mais cette soldatesque marchoit avec tant de confusion, qu'il estoit aisé de reconnoître combien elle est mal disciplinée; Les Cavaliers n'ont que des sabres & des fléches, & quoique les fantassins ayent des armes à feu, elles sont si mal faites, & ils s'en servent si mal, qu'elles ne sont gueres plus à craindre que les autres: Enfin toute cette multitude finissoit par un terrible embaras d'elefans, de chameaux, & de bœufs chargez de bagage.

Les Missionnaires furent quinze ou vingt jours à Masulipatan, pendant lesquels ils eurent le temps de remarquer, que quoique la Place ne soit que mediocrement grande, il y a beaucoup de peuple ; les murs ne sont qu'une haye vive, la garnison en est foible, & les maisons pour la pluspart ne sont que de bois couvertes de tuiles à l'Europeane : Les Holandois y ont une belle faiturie ; celles des Anglois & des Danois sont moins grandes ; & les François qui y en avoient une fort considerable avant l'assassinat de celuy qui en estoit le Chef, l'ont transferée depuis à Pontichery, Ville sur la même coste vers le Cap de Comorin, au Royaume de Visapour.

La Religion Mahometane est celle du Prince, & neantmoins la secte des Gentils est la plus forte. Le commun du peuple y va quasi nud, & les femmes mêmes ne s'y cachent pas comme chez les Maures. Il y a peu de Chrétiens, quoiqu'ils y ayent une entiere liberté, encore n'en ont-ils pour la pluspart que le nom: Les Peres Augustins y ont une residence, & les Peres Theatins commencent à s'y établir.

Quand les Missionnaires y arriverent, il y avoit à la rade un vaisseau Siamois sur lequel ils pretendoient s'embarquer. Mais pendant qu'ils attendoient le depart de ce vaisseau, il arriva un accident imprévu, qui pensa renverser toutes leurs mesures. Un navire du Roy de Golconde prest à faire voile pour Achem, fut pris à la rade de ce Port par une petite chaloupe d'étrangers ; on dît d'abord que ces étrangers estoient des François, comme en effet il estoit vray, & cela mit l'allarme à leur quartier ; Mais le Gouverneur de la Ville ayant veu presque aussi-tost courir le bruit que les Holandois estoient les coupables, il laissa sortir sans peine la trouppe des Missionnaires, qui sans cela eut couru risque d'estre envoyée dans les cachots de Golconde, d'où elle ne se seroit tirée qu'à force d'argent. On s'échapa donc brusquement à la faveur de ce bruit, pour se rendre au vaisseau qui devoit partir ; & aprés y avoir passé huit jours avant que de mettre en mer, on leva les ancres le 16. Avril.

Les grands calmes qu'on eut pendant les deux premieres semaines de la navigation, obligerent les Maures ou Mahometans (car ces deux noms signifient la même chose dans la Perse & dans les Indes) à faire souvent des sacrifices à leur mode ; On les voyoit de temps en temps pousser plusieurs cris, élever les mains & les yeux au Ciel, parcourir tout le vaisseau avec des petits bâtons à la main qu'ils choquoient les uns contre les autres, & encenser un grand plat de ris & de sucre ; aprés quoy mettans ces petits bâtons sur l'offrande, ils la jettoient dans la mer. D'autrefois ils attachoient à des cordages des petits pacquets d'argent monnoyé qu'ils avoient faits exprés pour offrir à leur faux Prophete Mahomet. Mais estant venus un jour à la poupe pour y faire leurs superstitions, les Chrétiens qui y estoient, quoiqu'ils ne fussent que quarante avec autant de Gentils, les en empescherent nonobstant leur plus grand nombre, car ils estoient cent quarante-cinq personnes, qui pourtant cederent aux autres.

Le premier jour de May il s'éleva un si bon vent, que s'il eut continué de même durant dix jours, il auroit porté le vaisseau à Tennacerin; mais il devint si violent la nuit suivante, qu'ayant esté obligé de plier toutes les voiles excepté une, elle fut déchirée en mille pieces: Le même accident estant arrivé à une autre qu'on avoit mise à sa place, pour ne se pas laisser aller au gré des flots, tous les Matelots qui auroient encore pû travailler, prenans l'épouvante, parceque le vaisseau ne gouvernoit plus, abandonnerent le timon, & se sauverent au fond de cale, & il ne resta sur le tillac que le Pilote Espagnol, le sous-Pilote Flamand, & un Matelot de Hambourg.

Les choses estant en cet estat, on vint avertir nos cinq François que l'on estoit dans un danger évident de faire naufrage, ils n'eurent pas de peine à disposer à la mort les Chrétiens qui estoient avec eux; il les exhorterent à se confesser, à se pardonner les uns aux autres, & à offrir à Dieu leur vie en sacrifice dans l'esperance d'aller bien-tôt le posseder: Mais pour leur donner l'exemple, ils se confesserent eux-mêmes les premiers, ils s'embrasserent tendrement pour se dire le dernier adieu; & ils entendirent

dirent ensuite les confessions des autres avec une peine incroyable, car le vaisseau estoit si furieusement agité de certains mouvemens, qu'on appelle des roulis, que les Confesseurs & les Penitens estoient souvent balottez d'un côté du navire à l'autre.

Dans cette tourmente, dont le fort dura quatre heures, (quoiqu'elles ne s'appaisast tout-à-fait que le Samedy suivant,) on peut penser quelle fut la frayeur de tout l'equipage : M. le Noir, qui nous a donné cette Relation dans toute son étenduë, dit qu'il est bon de passer par là pour apprendre à bien prier Dieu, & qu'il n'y a que l'experience qui puisse donner une juste idée de l'angoisse où l'on se trouve pour lors. Deux Gentils furent si vivement touchez de la grace dans ce grand peril, que comme l'on croyoit la mort fort proche, aprés leur avoir fait faire tous les actes necessaires pour recevoir le baptéme dans une pareille occasion, on les baptisa sous la promesse qu'ils firent de vivre en parfaits Chrétiens, s'ils pouvoient éviter le naufrage.

Cette crainte estant passée fut immediatement suivie d'une autre : Dés qu'on eut découvert les Isles Adamantes du costé du Nord, on apprehenda que quelque nouveau coup de mer n'y jettast, parce que les habitans sont des bestes carnacieres, qui n'ayans, pour ainsi dire, que la figure d'hommes, mangent tous les

L

étrangers qu'ils attrapent, & n'ont aucun commerce avec eux ; mais un petit vent favorable ayant heureusement conduit le vaisseau, on vit à peu de jours de là les Isles de Tennacerin qui paroissent en tres-grand nombre ; & après les avoir passées avec peine à cause de la foiblesse du vent, on arriva enfin à *Merigny ou Mirguin le 13. de May, veille de la feste de l'Ascension.

*Port de Tennasserin.

Ce Port n'est qu'un Village dans une Isle, à l'embouchûre de la riviere de Tennacerin ; les batteaux qu'elle porte sont des arbres creusez, ausquels on applique quelques ais à droit & à gauche pour en faire comme les bords : Cette machine s'appelle un balon, & elle est si peu seure, que pour peu qu'on s'y remeüe à contretemps, on peut aisément la renverser, & se perdre sans resource, à cause de la profondeur du canal, & de la quantité des crocodiles.

On se rendit pourtant à Tennacerin sans accident en deux jours. M. Perez Prêtre Portugais, qui a soin en ce lieu-là d'une petite Eglise sous l'authorité des Vicaires Apostoliques, y receut les cinq Missionnaires avec une joye qui fut reciproque ; Ils n'y virent pas beaucoup de Chrétiens, mais on esperoit dans peu en augmenter le nombre par la conversion de quelques Gentils du Pays que l'on disposoit au baptéme.

Ces gens ont dans leurs Pagodes quantité d'Idoles, où l'on ne voit point de nuditez cho quantes, mais beaucoup de propreté & d'ornemens : Les Talapoins, qui font leurs Prêtres, ne peuvent se marier sans changer d'état : Ils demeurent prés de leurs Temples, & ne font aucun oûvrage de main ; on les distingue ordinairement du commun par la longueur & par la couleur de leurs habits : car au lieu que les autres hommes & femmes ne se couvrent que depuis la ceinture jusqu'à la moitié des cuisses, & qu'ils se servent pour cela de toilles de toutes sortes de couleurs, excepté de jaune ; eux au contraire prennent cette derniere couleur, & ne font pas tout-à-fait si découverts.

La simplicité est le caractere du Pays, & de là vient qu'on ne voit pas grand genie, ny grande politesse dans les gens, mais aussi l'on y trouve un naturel docile & timide : Ils aiment si fort la Justice, qu'ils ne peuvent souffrir sans entrer en colere, qu'on leur reproche d'avoir perdu quelque chose avec eux : Ils sont temperants & laborieux, ils n'ont pour la pluspart qu'une femme, & ils n'ont d'attache à leur Religion, que parce qu'elle est celle de leurs Ancestres.

Leurs maisons ne sont bâties que de bamboux, c'est à dire de gros roseaux, dont ils se servent même comme de pieux pour piloter ; ces pieux sortent de terre de cinq ou six pieds pour poser leurs bâtimens, & pour faire place aux eaux qui inondent tous les ans vers le mois d'Aoust, & qui montent souvent jusques par

L ij

delà le toict : Pour lors ils se retirent dans leurs balons, ou petits batteaux, & le Pays, qui dans les autres saisons paroist une grande forest par la multitude des arbres, prend pour lors la forme d'une vaste mer par l'inondation generale. On dit que quand les eaux sont écoulées, les tygres qui s'estoient retirez sur les hauteurs, sortent des bois en si grand nombre pendant le reste de l'année, que personne n'oseroit sortir de chez soy au declin du jour : Il ne se passe gueres de nuits qu'ils ne viennent enlever quelque animal dans les étables, & ils avoient tué deux hommes à Tennasserin peu de temps auparavant le passage de nos Missionnaires.

Ils ne pûrent partir de ce lieu-là que le dernier jour de May, & s'estant mis dans un balon sur une riviere extremement rapide & dangereuse à cause de sa profondeur, & de la quantité des petites roches qu'on y trouve, ils furent six jours à se rendre à Zingale*, voguant entre deux forests, sans descendre même la nuit, de peur des tygres & des elefans dont on entendoit souvent les cris ; & pour se garantir de ces animaux & de la rencontre des roches, on tenoit pendant les tenebres le balon arresté au milieu du Canal, d'où l'on découvroit pendant le jour quantité de paons, de poules sauvages & de singes qui sautoient de branches en branches sur les arbres à droit & à gauche. Les Matelots ne se contenterent pas de prendre leur

* *Bourg sur la riviere de Tennasserin.*

précautions pour éviter les perils dont on est menacé sur cette route : Ils eurent encore recours à leurs faux Dieux par plusieurs sacrifices superstitieux qu'il falut souffrir, parce qu'on ne pouvoit les empescher.

On resolut à Zingale de prendre une charette à bœufs, dans le dessein d'aller jusqu'à Pipeli*; mais estans arrivez à Coû-il,* on changea de resolution, tant parce qu'on y rencontra tout à propos un balon qui partoit par mer pour Siam, que parceque la voiture de charettes estoit si fatigante, qu'on aimoit presque mieux aller à pied. Tant qu'on fut par terre, on trouva de fort mauvais chemins en quelques endroits, car c'estoit la saison des pluyes qui durent six mois, & n'estoit que le fond est sablonneux, on ne s'en tireroit pas : La route est neantmoins assez agreable, quand il cesse un peu de pleuvoir, on marche toûjours au milieu des bois, où l'on fait à tout moment quelque nouvelle découverte de plusieurs especes d'oiseaux que l'on ne connoît point en Europe : On y trouve aussi des gazelles, des cerfs, des sangliers, des tygres, des elefans, & des licornes, qui tous empeschent les voyageurs de s'écarter, & qui les obligent de se tenir sur leurs gardes.

* *Petite Ville assez peuplée entre Tennasserim & Siam.*

* *Petit Bourg entre Zingale & Pipeli.*

Le balon que l'on prit à Couli ne fut que quatre jours jusqu'à Siam, où il arriva le 23. Juin, veille de S. Jean-Baptiste, sur les onze heures du soir ; Quoique les Missionnaires le fissent aborder au derriere du Seminaire, ils n'avoient pourtant pas dessein de debarquer que le jour suivant, afin de n'éveiller personne dans un temps où ils croyoient tout le monde profondement endormy : Mais comme il y a toûjours dans ces sortes de maisons des gens plus occupez que les autres, qui veillent beaucoup plus tard, le balon fut apperceû par quelques-uns au clair de la Lune, ils se douterent aussi-tôt de ce que c'estoit; & étant allez avertir les autres, tous se levérent, & vinrent avec les Seminaristes sur le bord de l'eau pour convier M. Sevin & ses quatre Compagnons de venir se reposer dans leur maison ; On s'embrassa tendrement de part & d'autre, & l'on mena aussi-tôt les voyageurs dans l'appartement de Mrs de Berithe & de Metellopolis, pour prendre leur benediction : Ces deux Prelats les conduisirent sur le champ à la Chapelle pour y recevoir la benediction de Dieu même, & pour y rendre leurs hommages à JESUS-CHRIST dans le tres-Saint Sacrement, avec mille actions de graces pour toutes les faveurs qu'il leur avoit faites pendant les deux années d'un voyage également long & laborieux.

Tout ce que nous venons de dire dans ce Chapitre, est tiré d'une espece de Journal envoyé par M. le Noir à un de M^{rs} les Prêtres de l'Hostel-Dieu de Paris, où il avoit eu l'honneur de demeurer avant que de se consacrer aux Missions étrangers. Et ce Journal finit par les paroles qui suivent.

Je vous conjure, Monsieur, pour l'amour que vous portez à Nôtre Seigneur JESUS-CHRIST, de le remercier de toutes les graces qu'il m'a faites jusqu'à present, & de le prier instamment qu'il ait la bonté de me les continüer dans un employ où j'en auray tant de besoin. Faites-moy l'amitié de me recommander pour cet effet aux prieres de tous les Ecclesiastiques, & de toutes les Religieuses du lieu où vous estes. Je salüe tres-humblement les uns & les autres, & je les supplie de me pardonner toutes les fautes qu'ils m'ont veû commettre dans cette sainte Maison, où je vay tous les jours de tout mon cœur en esprit, pour y voir tant d'affligez, & sur tout mes chers Agonisans, dont je porte par tout le souvenir. Quand vous me ferez l'honneur de m'écrire, mandez-moy des nouvelles de toute la Communauté, & faites-le le plus souvent que vous pourrez, je ne manqueray pas de vous faire sçavoir des miennes quand j'en auray l'occasion...... Adieu, mon cher Monsieur, je vous embrasse de toute l'étendüe de mon ame, je n'espere plus vous voir en ce monde, mais seulement dans le Ciel, où nous benirons Dieu eternellement, s'il plaist à sa divine Misericorde.

CHAPITRE. IV.

Embarquement de deux Missionaires avec un Laïc au Port Louis, pour les Indes Orientales en 1676.

PEndant que les Missionaires qui estoient arrivez à Surate sur la fin de l'année 1675. en partoient au mois de Janvier suivant pour se rendre à Siam, il y en avoit d'autres que l'on faisoit partir de Paris pour aller s'embarquer au Port Loüis sur les vaisseaux de la Compagnie Royale de France, qui leur avoit donné des places jusqu'à Surate; La troupe de ces derniers n'estoit pas si nombreuse que la precedante, elle n'estoit composée que de trois personnes, dont il n'y en avoit que deux qui fussent Prêtres, & le troisiéme estoit un Laïc qui passoit pour domestique de la Mission; Les deux premiers estoient M^{rs} le Roux & Paumard, des Dioceses de Coûtance & du Mans, âgez l'un de 38. ans, & l'autre de 30. Le dernier s'appelloit René Cherbonneau, & comme il avoit demeuré quelques temps en qualité de Frere chez Messieurs de la Congregation de la Mission à S. Lazare, d'où il estoit sorty par l'avis de son Directeur, pour se presenter aux Missions Etrangeres, il avoit retenu le nom de

Frere René, qu'il retient encore. Ces trois voyageurs quitterent le Seminaire de Paris le 17. Janvier, & dés qu'ils furent au lieu de l'embarquement, ils trouverent les vaisseaux sur le point de se mettre en mer ; De sorte qu'ils n'eurent que le temps d'acheter leurs provisions & de les faire porter avec eux ; L'inconstance des vents leur fit faire deux ou trois tentatives inutiles pour sortir du Port, mais enfin ils en sortirent vers le   du mois de Fevrier, & ils arriverent avec assez de diligence aux Indes.

Si nous avions receu une premiere Lettre que M. Paumard nous avoit écrite de Surate par la voye de Portugal, nous donnerions au public le petit détail de leur navigation dans le mesme ordre qu'il dit nous l'avoir mandé ; mais il faudra se contenter de ramasser icy quelques circonstances qu'il a retouchées par une seconde lettre écrite du mesme lieu quinze jours aprés, qui est venuë plus heureusement que l'autre, & qui porte ce qui suit, elle est dattée du 8. & du 14. Octobre 1676.

NOstre voyage a esté fort heureux, & nous y avons eu beaucoup de consolation par la misericorde de Dieu, parce que nous estions dans un vaisseau où tout le monde se portoit au bien ; tout l'equipage, sans en excepter un seul, fit ses Pasques d'une maniere fort édifiante, tous les Officiers vivoient en fort grande union, & plusieurs d'entr'eux firent des Confessions generales, aprés lesquelles on les vit frequenter les Sacremens avec beaucoup de pieté ; Cet exemple fut suivy d'un bon nombre de passagers & de matelots, qui concoururent tous ensemble à nous animer par leur ferveur, principalement pendãt la SemaineSainte, & pendant l'Octave du S. Sacrement; nous celebrâmes l'une & l'autre avec toute la solemnité & toutes les ceremonies qu'on observe ordinairement dans l'Eglise Catholique, Apostolique & Romaine : J'eus la joye de les enroller presque tous dans l'association de l'adoration perpetuelle de cet adorable Sacrement, par le pouvoir que m'en avoit donné à Paris la Reverende Mere Prieure du Monastere étably à cette fin, dont je luy seray tres-redevable toute ma vie, comme d'un excellent moyen pour porter les ames à la devotion, ainsi que nous l'avons éprouvé sur mer & sur terre. Ce n'estoit pas une petite satisfaction pour nous de voir les grands & les petits s'acquitter avec fidelité des devoirs de cette Sainte Confrairie, & assister assez souvent tous, & pour l'ordinaire la plûpart, à la recitation du Chapelet, & aux Prieres du soir que l'on faisoit tous les jours avant huit heures.

Nous faisions une courte exhortation les Dimanches & les Festes, tantost M. le Roux, tantost moy ; & quoique je sois naturellement fort froid , nostre Seigneur m'y donnoit un peu de feu : on trouvoit tout bon de noûs, & il seroit difficile d'ajoûter quelque chose à l'estime & à la confiance que l'on faisoit paroistre pour nos personnes malgré toutes nos miseres.

En cinq mois de temps ou environ nous fûmes toucher à Mascarin, qu'on apelle autrement l'Isle de Bourbon, dont vous avez la description dans la Relation de 1674. Nous y aprîmes avec douleur , que les François, qui étoient restez au Fort Daufin dans l'Isle de Madagascar, avoient esté trahis par leurs propres alliez ; mais nous y trouvâmes pour nous consoler, un Pere Capucin de la Maison de Surate, que M. Baron considere fort , & qui y avoit esté envoyé par son Superieur pour établir une petite Mission ; Ce bon Religieux prit l'occasion de la premiere visite, que nous luy rendîmes, pour se Confesser ; & comme je ne le quittay presque point durant tout nostre sejour, il me témoigna une amitié particuliere; il m'envoya assister un Moribond à cinq lieuës du moüillage, & il ne se contenta pas d'entrer dans l'association du S. Sacrement, il persuada aussi la mesme chose à M. le Gouverneur, & à M. son Lieutenant, & il pria M. le Roux de faire un Sermon & un Catechisme, dont on parut estre tres-content.

Cinq jours aprés avoir remis à la voile, le Capitaine du petit Navire estant tombé malade, il envoya sa Chaloupe au grand où nous estions tous trois, & ayant sceu qu'il me demandoit, je fus le trouver sur le champ, sans prevoir ce qui pouvoit arriver, & ce qui arriva en effet. Je ne fus pas fâché de quitter le grand Vaisseau pour aller au petit, dans l'esperance que j'avois de pourvoir aux necessitez spirituelles de l'un, & de retourner dans peu à l'autre rejoindre mes chers Compagnons.

Comme je ne croyois pas en estre separé plus de sept à huit jours, je ne pris que fort peu d'Hosties, mais au troisiéme jour, depuis nostre separation, la mer estant devenüe fort grosse pendant la nuit, les deux bâtimens s'écarterent, & s'estans perdus de veüe le jour suivant, ils ne se retrouverent plus; ainsi je fus obligé de m'abstenir de la Sainte Messe les jours ouvriers; & pour la pouvoir dire les Festes & les Dimanches, je rompis en quatre quelques-unes de mes Hosties, qui me durerent jusqu'à Surate.

Nous y moüillâmes le 22. de Septembre sans y trouver le grand Vaisseau, & sans en apprendre aucunes nouvelles certaines. J'avois eu dans le petit une consolation presque pareille que dans l'autre pour la pieté; car on y dît le Chapelet, on y écouta les instructions que j'y faisois, & l'on s'y confessa comme dans le grand; Et si j'y fis quelque chose de moins, je dois l'imputer à mes pechez, dont je vous conjure de m'obtenir le pardon.

Dés le jour mesme qu'on aborda je débarquay, & je fus rendre mes devoirs à M. Baron, Directeur General de la Compagnie Royale de France, & l'un des plus honnestes hommes que j'aye jamais veû ; Je ne luy eûs pas plûtost declaré l'honneur que j'avois d'estre du corps des Missions des Vicaires Apostoliques de la Chine, qu'il m'embrassa tendrement avec des marques de bonté que je ne puis vous exprimer : Il ne se contenta pas de me retenir à sa table pour tout le temps de mon sejour, il voûlut encore que je prisse une chambre dans la loge de la Compagnie, & pour cela il y eut quelque contestation obligeante entre luy & le R. P. Yves, Capucin de la Province de Touraine, Successeur du R. P. Ambroise de Preüilly, lequel enfin fut obligé de luy ceder en cela; Mais je puis dire, que quoiqu'il ne m'ait pas logé dans son hospice, il m'a donné d'ailleurs tous les témoignages d'amitié qu'on peut attendre d'un veritable amy, & j'ay receu de luy, du P. Jacques & du Frere Acurse, qui y estoient pour lors, toutes sortes de services avec une charité que l'on ne peut assez reconnoistre.

Je trouvay aussi en M. Boureau, Commissaire General, une affection incomparable pour tous nos Missionnaires, & pour tout ce qui les regarde ; C'est luy qui s'est offert de luy même pour prendre soin des affaires de nos Missions, & il s'en acquitte en verité avec un zele qui est au dessus de tout ce que j'en puis dire : Tout jeune qu'il est, il a un merite extraordinaire, il est bien fait de sa personne, il parle bien, il est honneste, sage, doux, il est ferme, il est experimenté dans le commerce au delà de son âge, il deméle les differens interests des Nations, il se fait aimer de toutes, il connoist les subtilitez & les addresses des gens du Païs, il sçait ménager les esprits, & conduire les choses à leur fin, il est si zelé pour la gloire de nostre invincible Monarque, & pour le bien de la Compagnie, qu'il ne faut pas craindre qu'il relâche jamais rien lorsqu'il y va de l'honneur de la France, & de l'avantage du commerce ; Et comme il a beaucoup de prudence pour ne pas s'embarasser dans des entreprises mal concertées, il n'a pas moins de vigueur pour les soûtenir jusqu'au bout ; enfin il couronne tant de si bonnes qualitez par une conscience si droite, & par une pieté si bien reglée & si exemplaire, qu'il peut passer pour un homme achevé dans sa profession ; & la Compagnie perdroit infiniment, si elle venoit à perdre M. Baron & luy, & si elle estoit obligée de se confier à des gens moins affectionnez & moins capables qu'ils ne le sont l'un & l'autre.

J'ay aussi de fort grandes obligations à M. Pilavoine, & je me sens si redevable à tous les

Messieurs de la Loge, pour la maniere obligeante avec laquelle ils m'ont traité, que je voudrois les pouvoir tous nommer en particulier, & donner à chacun les éloges qu'ils meritent ; Pour moy j'attribüe à la vertu de tous ces Messieurs les bons succés de la Compagnie dans les Indes : Les Holandois ont fait tout ce qu'ils ont pû durant la guerre pour surprendre en mer leurs Vaisseaux, mais Dieu s'est declaré leur Protecteur ; Nostre petit bastiment, prés du Cap de bonne Esperance, passa seul une fois entre sept Navires de Holande, & un autre jour entre trois autres, qui luy donnerent la chasse, mais comme nous estions meilleurs voiliers, nous nous servîmes de nostre avantage ; c'est une merveille qu'aucun de nos Vaisseaux ait pû aborder icy, tant que nous avons eu cette Nation pour ennemie, & neantmoins ils n'en ont pas pris un seul : Ce bonheur me paroist la recompense de la pieté de Messieurs les Directeurs de la Compagnie Royale de France qui sont à Surate ; car ils vivent avec grande édification dans leur Loge, on y garde les Regles de la Charité, de la Modestie, de la Temperance & de la Subordination, avec autant d'exactitude que dans les Communautez Ecclesiastiques les mieux disciplinées ; ils s'entr'aiment comme des Freres, & l'union qui est entr'eux leur donne une honneste liberté de s'avertir les uns les autres des fautes où l'on peut tomber ; car ils ne se pardonnent pas la moindre negligence qui pourroit prejudicier à leur Corps ou à leur Nation, & je les trouve admirables dans leur des-interressement & dans la vigilance avec laquelle ils s'acquittent de leurs charges.

Depuis que je suis à Surate, l'on a apporté plusieurs fois la nouvelle incertaine de l'arrivée de nostre grand Vaisseau appellé le Vautour (où M. le Roux est avec le Frere René) dans un havre, qui n'est éloigné d'icy que de quarante lieües, & M. le Directeur General a reçeû aujourd'huy la confirmation de cette nouvelle, avec des circonstances qui la rendent fort probable ; si elle est vraye, ce Vaisseau aura heureusement évité l'Ouragan, dont il devoit craindre d'estre surpris ces jours passez à la veüe de terre.

C'est ce que contient le corps de la Lettre de M. Paumard, en datte du 8. Octobre, mais il ajoûte au dos par apostille le 14. du mesme mois. M. Boureau le jeune, (parent de l'autre,) estant arrivé icy dans le Vautour, nous apprend que M. le Roux & le Frere René se sont separez de luy à Bombain, Port des Anglois à 40. lieües de Surate, pour s'embarquer sur un Navire qui partoit pour Siam, lorsqu'ils passoient par ce Port-là : Comme j'avois esté averty de cette commodité en arrivant à Surate, j'avois demandé à Mrs Baron & Boureau,

& au

& au P. Yves, s'ils me conseilloient de l'aller prendre, mais ils n'en furent pas d'avis à cause que ce Vaisseau devoit relâcher pour long-temps dans une terre qui apartenoit aux Holandois. Si M. le Roux eût eu le mesme avis, il auroit évité bien de l'ennuy & de l'incommodité, qui ont esté causes de sa mort.

CHAPITRE V.

Lettres de M. le Roux, écrites de la rade de Malaca à M. Paumard à Surate, & aux Directeurs du Seminaire de Paris, du 8. Ianvier 1677.

Mʀ dans le commencement de nostre depart de Bombain, je croyois que vous aviez perdu une belle occasion, & j'avois bien du déplaisir que vous ne fussiez pas avec nous ; mais j'ay bien changé de sentiment depuis ce temps-là, & je connoît à mes dépens, qu'il vous est avantageux de n'avoir pas suivy la même fortune ; Je serois tres-fâché que vous fussiez icy dans la peine où nous sommes ; Car quoique Dieu nous ait gardez jusqu'à present des mains des Holandois, au milieu desquels il faut necessairement hiverner, (c'est à dire passer pour le moins cinq mois ;) nous ne manquons pas de souffrances dans nostre maniere de vivre, pour nous garentir des accidens dont nous sommes menacez à tout moment, nous demeurons dans nostre Vaisseau comme dans une prison, où nous n'osons pas même regarder par les fenêtres, de peur de nous découvrir : De plus, tout est aussi cher à Malaca, qu'il seroit en Europe dans le temps d'une famine, & cependant on nous dit icy que c'est l'ordinaire ; encore avons-nous de la peine à trouver quelqu'un qui veüille nous acheter & nous apporter de terre les necessitez de la vie à force d'argent. Il a fallu pour nous déguiser un peu, nous mettre à la maniere des Matelots en chemise & calson, en attendant des habits d'Armeniens, dont nous pretendons nous servir pour n'estre pas connus lorsque nous serons obligez de paroître sur le Pont; Car pour la terre, nous nous sommes condamnez à n'y pas descendre, tant pour éviter la veüe de ceux qui peuvent nous nüire, que pour n'estre pas soupçonnez d'estre des espions, si par mal-heur nous estions pris.

Quand nous changeâmes de Vaisseau à Bombain, je fus si precipité, que je ne me souvins pas de prendre une pierre d'Autel ; de sorte que je me vois privé de dire la Sainte Messe, quoique j'eusse pû avoir cette consolation les Dimanches & les Festes, si cette pierre ne me manquoit pas ; J'ay fait en vain tout ce que j'ay pû pour en trouver une icy, mais il ne m'a pas esté possible d'y réüssir, parce que ceux qui y sont les maîtres empêchent, autant qu'ils peuvent, l'exercice de la Religion Catholique; Il est vray que nonobstant leur opposition, il y a quelques Prêtres & quelques Religieux, tant du Païs, qu'étrangers ; mais ils se tiennent si serrez, que je n'ay pû, ny les voir, ny en apprendre des nouvelles, excepté un seul Prêtre Armenien qui venoit de Manille, & qui n'avoit point d'Autel portatif, outre qu'il me parut estre Schismatique, & par consequent peu propre à me consoler ; Il y a d'autres particularitez que je ne vous mande pas, parce que d'autres personnes les écrivent au lieu où vous estes.

Le mesme M. le Roux écrivit en mesme temps aux Directeurs du Seminaire de Paris, la Lettre qui suit.

Mʀ Si vous avez reçeu le petit narré de nostre navigation depuis la France jusqu'aux Indes, vous aurez appris combien nous sommes obligez à Dieu du bonheur de nostre voyage jusqu'à Bombain ; Je vous l'envoyay de ce Port qui apartient aux Anglois sur la côte de Malabar, je vous marquay la bonne fortune pretendüe que nous y avions rencontrée d'un Navire Armenien qui alloit à Siam. Nous avions crû d'abord la rencontre de ce Vais-

M ij

seau fort avantageuse, mais nous avons eu le loisir de nous détromper ; Personne ne nous avertît qu'il faudroit hiverner à Malaca, que quand nous fûmes à la voile; mais il n'estoit plus temps de profiter de cet avis, parce que nos hardes estoient embarquées, nostre passage payé, & nostre Vaisseau emporté avec rapidité par les vents. Nous voilà donc icy pour cinq mois, & peut-estre plus, & vous pouvez juger avec quel embarras ; car si ceux qui y dominent nous connoissoient, ils confisqueroient nos personnes & nos balots ; c'est pourquoy il faut prendre le party de se cacher tant que nous pourrons : Ce n'est point assez d'avoir fait sans accident sept cens lieües depuis Bombain jusqu'icy, il en faut encore sortir sans estre connus; peu s'en est falu que nous ne l'ayons esté déja quatre ou cinq fois par ceux qui sont venus visiter nostre Bâtiment, mais nous y avions des amis qui nous donnoient le moyen de nous cacher dans des armoires ; Nous fûmes pourtant surpris deux fois nonobstant toutes nos précautions, mais ceux qui nous surprirent estoient par bonheur des Anglois, qui promirent le secret en consideration du Capitaine & du Pilote, lesquels, estans de mesme Nation, les prierent de ne pas dire ce qu'un Matelot leur avoit declaré tout simplement de nostre qualité de Prêtre & de François.

Il faut avoüer que nous devons tout à la fidelité & à l'affection de ces Meſſieurs les Anglois, qui nous ont donné place ſur leur bord; on ne peut leur ſçavoir trop de gré de la peine qu'ils prennent pour nous en toute occaſion, & ce ſont des gens en qui l'on peut ſe confier, quand ils ont une fois donné leur parole; J'eſpere avec l'aide de Dieu, que nous échaperons des mains ennemies par leur moyen; il y a plus d'un mois que nous ſommes à cette rade, & nous avons eſſuyé les plus grands chocs, parce qu'il ne vient quaſi plus perſonne de dehors dans le Vaiſſeau, dont nous puiſſions apprehender quelque choſe, nous ne ſommes pourtant pas ſans peur; & c'eſt pour cette raiſon que nous n'oſons mettre pied à terre, ny monter ſur le pont, ny prendre l'air par les fenêtres; nous attendons de petits habits de toile à l'Armenienne pour nous dêguiſer ſuffiſamment, ſans quoy il ne ſeroit pas ſeûr de nous montrer: Mais quelque ſoin que nous ayons eu de nous tenir à couvert, nous devrions avoir eſté reconnus il y a long-temps, ſans une protection toute particuliere de Dieu, à qui la gloire en eſt deüe.

La cherté des vivres eſt ſurprenante, & les gens refuſent de nous en aller acheter par la honte qu'ils ont de nous aporter peu de choſes pour beaucoup d'argent. Nous avons avec nous dans noſtre vaiſſeau des Armeniens, des Anglois, des Caſtillans, des Portugais, des Maures, des Gentils, des Banjans; & Dieu

M iij

par sa misericorde fait qu'ils nous aiment tous, & qu'ils s'interessent à l'envy à nous cacher; les Maures sont au nombre de quatre-vingt qui composent nostre équipage, les autres sont ou Officiers, ou Marchands, ou passagers: Il y a pourtant aussi cinq ou six Matelots Caffres qui sont Chrestiens & Catholiques; tous les Armeniens se disent tels, lorsque je suis avec eux, Mais nous sçavons qu'il y en a parmy eux de Schismatiques. Le Frere René a rendu de bons services de Chirurgie à la plûpart de ces Nations differentes, ce qui n'a pas peu contribüé à nous gagner leur affection. Il y a eu deux Armeniens, qui estans tombez malades à l'extremité ont demandé mon Ministere: J'ay donné l'Absolution à l'un & a l'autre, aprés leur avoir fait produire par interprete des Actes d'Amour de Dieu, de Contrition, d'Obeïssance à l'Eglise Romaine, & de Foy à tous les articles de sa creance, l'un en est mort, & l'autre est gueri. La terre ou nous sommes est dans le continent de Siam, & si on y alloit en droite ligne, il n'y auroit pas plus de deux cens cinquante lieües de chemin, au lieu que par mer il faut en faire cent de plus, pour prendre le tour du Cap de Syncapur, mais il ne faut que quinze jours de navigation quand le temps est un peu commode: L'autre route, quoique plus courte n'est pas seure, soit à cause qu'il faut passer quelques Cantons de Maures, ennemis declarez des

Chrestiens, soit parce que le reste du terrein n'est qu'une longue & affreuse forest remplie de bestes feroces, & particulierement de tygres, dont il seroit impossible de se sauver; il en vient quelquefois jusqu'à Malaca devorer des animaux domestiques en presence des maistres; & les pauvres gens qui n'ont des maisons que de bois, de cannes & de bâtons, sont obligez de passer la nuit dans le haut étage, de peur que s'ils occupoient le bas pendant la nuit ils ne courussent risque de leur vie.

Vous me ferez grand plaisir, si vous voulez bien communiquer cette Lettre à l'Hôtel Dieu de Paris, pour marque du respect & de la liaison que je conserve avec M^{rs} les Ecclesiastiques & les Religieuses de cette Sainte Maison, où j'ay eu le bonheur de demeurer; Je me recommande à leurs prieres, & à celles des Carmelites de S. Jacques.

Le Frere René écrivant de Siam le 8. Decembre 1677. rapporte quelques particularitez que M. le Roux n'a pas touchées, parce qu'elles n'estoient pas encore arrivées, lorsqu'il acheva sa Lettre. Nous avons, dit-il, couru risque non seulement de nos ballots & de nôtre liberté à la rade de Malaca, mais encore de nostre vie par une furieuse tempête qui nous surprit une nuit, & qui nous fit perdre trois ancres en rompant trois cables l'un aprés l'autre ; Ce fut un petit miracle que nostre Vaisseau, qui alloit au gré du vent entre des rochers, ne s'y brisa point, la Providence le porta heureusement sur de la boüe prés de plusieurs pointes de pierre, où il échoüa sans s'ouvrir.

Deplus, deux jours aprés estre sortis du port de Malaca pour continüer nostre voyage, aprés sept mois & demy de retardement, je fus attaqué du Scorbut, & à quelques jours delà M. le Roux fut saisi du même mal : Comme il y avoit par bon-heur dans le vaisseau des ananas, & des limons, nous en frottions nos gencives, d'où il sortoit beaucoup de sang ; ce remede me guerit parfaitement : Mais à l'égard de M. le Roux, quoiqu'on arrestât les vlceres de sa bouche, il luy resta toûjours je ne sçay quel fond de corruption dans le corps qu'il a porté jusqu'à la mort ; peut-estre que s'il avoit eû de meilleurs alimens sur mer, il se seroit rétably, mais ce secours nous manqua. On s'estoit attendu à faire quelques nouvelles provisions à Pattani, parceque nous n'avions pu rien avoir à Malaca qu'un peu de poisson salé, avec quelques biscuits & quelque ris ; mais lors que nous passâmes devant le Port, nous le trouvâmes assiegé par l'armée du Roy de Siam, qui depuis s'en est rendu maître ; & l'on ne permit à personne de descendre à terre pour se pourvoir du necessaire. Ce contre-temps nous retarda l'espace d'un mois ; car le Pilote ayant voulu aborder quelque part, il prit malheureusemēt dans une Baye, où l'on fut long-temps à attendre le vent favorable pour en sortir : Dieu pourveût cependant à nostre besoin par le moyen d'un Portugais, qui nous vendit pour un écu de ris avec un peu de porc salé par excés, mais nous estions encore trop heureux de l'avoir trouvé, & nous eûmes justement dequoy nous passer jusqu'au port de Siam.

RELATION DES MISSIONS ET DES VOYAGES DES EVESQUES

VICAIRES APOSTOLIQUES,
ET DE LEURS ECCLESIASTIQUES
és Années 1676. & 1677.

QUATRIE'ME PARTIE.

Du Royaume de Siam.

CHAPITRE I.

M. de Berithe retourne de la Cochinchine à Siam; Et il s'applique au bien general des Missions.

APRES que M. de Berithe eût finy ses visites avec grande satisfaction dans le Royaume de la Cochinchine, il ne pensa plus qu'à retourner à Siam pour acquiter la parole qu'il avoit donnée au

Roy de ce dernier Eſtat : Il laiſſa M de Courtaulin ſon Grand Vicaire dans la Cochinchine, où il devoit eſtre aidé de Mʳˢ Bouchard & Vachet Miſſionnaires, de trois Prêtres du Pays, & de cent neuf Catechiſtes, qui faiſoient tous leurs fonctions avec moins de crainte que jamais ; & eſtant party avec M. Mahot, il arriva avec luy à Siam au mois de May 1676.

Comme le Roy de Siam l'attendoit avec impatience, il luy témoigna beaucoup de joye de le revoir, & il luy dit que ſon intention eſtoit de chercher au plûtôt tous les moyens neceſſaires de le faire paſſer en Europe avec les Ambaſſadeurs qu'il avoit deſſein depuis ſi long-temps d'y envoyer : La guerre de Hollande qui duroit encore fut l'unique obſtacle, & l'on reſolut de demander aux Holandois les paſſe-ports dont on croyoit avoir beſoin, mais il fut impoſſible de les obtenir ; & ainſi le voyage fut differé juſques aux premieres nouvelles de la paix.

Le bruit de cette ambaſſade ſe répandit bien-tôt de la Cour dans les Provinces les plus éloignées, & de là dans tous les Eſtats voiſins qui ont leurs Ambaſſadeurs auprés du Roy de Siam. La nouvelle en fut portée à Golconde, & le Roy de ce puiſſant Royaume voulãt profiter de cette occaſion, écrivit à ſon Ambaſſadeur de voir M. l'Evêque de Berithe, pour le prier de ménager ſon accommodement avec la nation Françoiſe, avec laquelle il eſtoit broüillé depuis le siege de S. Thomé.

Cet Ambassadeur vint donc rendre visite à M. de Berithe de la part de son Maître, & luy ayant fait la proposition dont il estoit chargé, ce Prelat en écrivit à M. Baron, Directeur General de la Compagnie Royale de France à Surate, en attendant qu'il pût luy-même aprés son arrivée en France en informer Sa Majesté, & l'on espere que, si cet accommodement se fait, la Mission en pourra tirer un grand avantage, puisque tous les Missionnaires qui viennent d'Europe par terre, auront la liberté de passer par les Estats de Golconde, pour venir dans ceux du Roy de Siam.

Cependant Mrs de Berithe & de Metellopolis penserent à partager entre le Tonquin, la Cochinchine, & Siam, les secours que M. Sevin & sa trouppe avoient apportez d'Europe pour les besoins de la Mission : Mais comme les aumônes, dont ils estoient porteurs, ne se trouverent pas suffisantes pour soulager toutes les necessitez qu'on souffroit, les Evêques furent obligez de recourir à l'emprunt, ce qui ne leur estoit point encore arrivé.

Ils crûrent ne devoir pas s'adresser à d'autres qu'au Roy de Siam, qui leur avoit toûjours témoigné beaucoup de bonté, il leur montra en effet l'estime qu'il faisoit d'eux : Car ces Prelats luy ayant fait demander trois mil écus, qui font une somme considerable en ce

Pays-là, il les leur fit donner comptant. Avec ce fond extraordinaire ils esperoient pouvoir soûtenir quelque temps les Missions du Tonquin, & de la Cochinchine, & tous les differents établissemens qu'on a commencés dans le Royaume de Siam, jusqu'à ce qu'il en vînt quelqu'autre d'Europe, sans quoy il leur estoit impossible de faire passer aucun Missionnaire à la Chine l'année suivante, ainsi qu'on avoit resolu.

Aprés avoir fait l'entiere distribution de l'argent, on songea à faire le partage des Ouvriers qui estoient arrivez depuis sept à huit mois à Siam: On renvoya dés le mois de Juillet M. Mahot à la Cochinchine avec ce qu'on pût luy donner pour la subsistance des Ouvriers de cette Eglise: M. Gayme, qui estant arrivé le premier avoit déja eu le temps d'étudier la langue de Siam, alla joindre M. Langlois à Porceloüe, environ à cent lieües de la Capitale de ce Royaume: M. Clergues fut destiné pour les Peguans, qui sont en grand nombre dans ce même Estat: Mrs Thomas & Geffrard pour la Cochinchine: M. le Noir pour le Tonquin: & enfin Mrs Sevin & Forget pour la Chine, où jusqu'à lors, aucun Missionnaire n'avoit pû passer.

Cette derniere Mission est la plus vaste & la plus éloignée de toutes ; & comme elle est aussi la plus considerable, à cause de l'étendüe de ce grand Empire, elle avoit besoin d'un Vicaire Apostolique pour y ordonner des Prêtres & des Evêques du Pays, selon l'intention du Saint Siege. C'est pour cela qu'entre plusieurs Brefs que M. Sevin avoit apportez de Rome, il y en avoit un qui donnoit pouvoir à M^{rs} d'Heliopolis, de Berithe & de Metellopolis, ou à l'un d'eux, de consacrer Evêque & Vicaire Apostolique de la Chine, le R. P. Gregoire de Lopez, Chinois de Nation, de l'Ordre de S. Dominique.

C'estoit à l'instance de M^{rs} d'Heliopolis & de Berithe, que le Pape avoit fait choix de ce Pere; & le principal motif qu'ils avoient eu de le proposer au S. Siege, estoit non-seulement le grand merite de sa personne (dont M. d'Heliopolis avoit esté bien informé par le R. P. Navarrette Espagnol, Religieux du même Ordre, quelques années auparavant qu'il fût nommé par le Roy d'Espagne à l'Archevesché de S. Domingue;) Mais ils y avoient aussi esté portez par la consideration du lieu de son origine; car estant né à la Chine, il pouvoit y demeurer en seureté, & se cacher aisément dans le temps des persecutions, sans estre connu pour Ministre de l'Evangile, ce qui ne seroit pas possible aux Europeans, parce qu'on les distingue sans peine des naturels du Pays à la seule veüe.

On resolut donc de luy écrire incessamment

des Vicaires Apostoliques. 1676. 191

la Chine, où il estoit, tant pour luy faire sçavoir le choix que le Pape avoit fait de sa personne, que pour le prier de se rendre dés qu'il pourroit à Siam, où l'on avoit arresté de faire son Sacre, dautant qu'il n'y avoit pour lors aucun des trois Vicaires Apostoliques qui fût en état de l'aller trouver sur les lieux : Il reçeut assez promptement les Lettres qu'on luy écrivit, & dés la fin de l'année 1676. on apprit par ses réponses qu'il feroit tous ses efforts pour estre à Siam vers le mois de Mars ou d'Avril de l'année suivante. Cependant aprés avoir plus fortement refléchy sur la chose, il écrivit en 1677. qu'il ne pouvoit se resoudre à accepter une dignité & un employ qu'il croyoit audessus de son merite & des forces de son âge, outre quelques autres raisons particulieres qu'il alleguoit, & qu'il jugeoit d'un tres-grand poids; mais elles n'ont point paru aux Vicaires Apostoliques devoir prévaloir aux ordres du Pape, qui luy ordonnoit de se faire sacrer au plûtôt; ainsi ils luy répondirent qu'ils le supplioient de se rendre incessamment à Siam pour conferer avec eux, & pour donner les mains à son Sacre ; & en attendant ils luy envoyerent tous leurs pouvoirs pour s'en servir avant son départ, & sur le chemin, selon sa prudence.

CHAPITRE II.

Les Evêques font deux nouveaux établissemens dans le Royaume de Siam pour leurs Missionnaires en 1676.

DEpuis que les Vicaires Apostoliques sont établis à Siam, les peuples de ce Royaume ne leur avoient point encore paru si disposez à écouter l'Evangile qu'en l'année 1676. A la verité il y a lieu de s'étonner qu'estans les gens de tout l'Orient qui vivent avec plus de simplicité, & qui sont plus portez à la justice & à la douceur, ils deliberent neantmoins si long-temps à embrasser une Religion, dont les maximes sont si conformes à leurs inclinations naturelles. Un de nos Missionnaires nous écrivoit que selon sa pensée, l'obstacle le plus fort à leur conversion, c'est qu'ils sont trop superstitieux; car ils font conscience de tüer le moindre animal; Et pour s'accommoder à leur foiblesse, il faut que les Missionnaires qui travaillent à les instruire, s'abstiennent entierement de manger de la viande, depeur de les scandaliser jusqu'à leur devenir insupportables. D'ailleurs leur simplicité les attache opiniâtrément à toutes les erreurs qu'ils ont sucées avec le lait, parce qu'elle ne leur permet pas pour l'ordinaire de
raisonner

raisonner sur les choses, ny de se mettre en peine de démêler le vray d'avec le faux. Enfin ils sont retenus par la veneration extraordinaire qu'ils ont pour la personne & pour les vertus morales de leurs Talapoins, dont la multitude est plus nombreuse que celle de nos Religieux en Europe; Ils en ont tant de soin, qu'ils leur portent à boire & à manger par une espece d'émulation au son de leur cloche. Si jamais il plaisoit à Dieu d'ouvrir les yeux à ces Talapoins par sa grace, ils seroient d'excellens Religieux, car ils sont également sobres & chastes; & ces deux qualitez donnent beaucoup d'esperance de reüssir auprés d'eux avec le temps; ce qui ne donne pas peu de consolation aux Ouvriers Evangeliques : Mais cette consolation estoit encore augmentée par la disposition que les femmes de ce Royaume paroissent avoir au Christianisme, par la grande pudeur qui les distingue de toutes les autres femmes des Pays Orientaux; C'est la remarque de M. de Metellopolis dans une de ses Lettres; de sorte qu'il y a lieu d'attendre de la Misericorde divine, que peut-estre bien-tost la semence de la Foy ne sera pas sterile dans un si bon fond.

On la vit germer avec plaisir en plusieurs endroits en 1676. & les Evêques furent obligez d'établir deux nouvelles Residences, comme qui diroit deux Paroisses, lesquelles auroient esté suivies de quelques autres, si l'on eut eu

N

assez d'Ouvriers pour multiplier les Pasteurs, & assez d'argent pour fournir à la dépense.

Il faut se souvenir que dans la derniere Relation de 1676. on avoit marqué trois résidences qui estoient déja establies ; sçavoir la residence du Seminaire Episcopal de S. Joseph, où demeurent les Vicaires Apostoliques, lorsqu'ils sont dans le Royaume de Siam, & où le service se fait aussi publiquement, & aussi solemnellement que dans les Eglises de France. La Résidence de l'immaculée Conception de la Sainte Vierge, qui est à deux journées de la Ville Royale, à sept ou huit lieües de la Barre, à demie lieüe au dessous de Bancoq, où M. de Chandebois, Prêtre François, avoit esté envoyé le premier depuis quatre ans ; Et la residence de Tennasserin, dont estoit chargé M. Perez, né de parens Portugais, qui aprés six ou sept ans d'éducation & d'instruction dans ce Seminaire de Siam, avoit esté promeu au Sacerdoce, & qui s'estant dévoüé aux Missions de nos Evesques, travailloit depuis quelques années, fort utilement dans ce Canton-là sous leur conduite, il est âgé de 37. ans.

Or outre ces trois Paroisses que l'on desservoit en l'année 1675. il fallut faire deux autres établissemens l'année suivante, l'un à cent lieües de la Capitale à Porceloüe sous le titre des trois Rois, où M. Langlois fut envoyé ;

L'autre dans une grande peuplade de Pegüans à une journée de Siam sur la riviere; où l'on appliqua M. Clergues, l'un des cinq nouveaux Missionnaires qui estoient arrivez de France au mois de Juin 1676. comme on l'a veu dans la precedente partie, Dieu avoit fait la grace à cet Ecclesiastique d'apprendre, dans l'espace de quelques mois, la langue de ces peuples-là, & quoiqu'il fut le plus jeune de la troupe, il eut en cela le droit d'aînesse, ayant esté choisi preferablement à ses compagnons de voyage; & s'estant rendu capable de travailler auprés des Infideles, peu de temps aprés son arrivée, il vivoit de ris & de poisson sec, car on en a rarement de frais, & c'est ainsi qu'il en faut user, quand on pretend faire quelque fruit dans les ames de ce païs-là.

Nous souhaiterions avoir appris les circonstances de ce dernier établissement, avec la mesme exactitude que celles de la Residence de Porceloüe, dont on a mandé le détail à peu prés dans les termes que je rapporteray; Et si l'on y voit quelque chose à la loüange de M. Langlois, on prie le lecteur de trouver bon que nous ne le suprimions pas, parce que nôtre dessein n'est point du tout d'affecter ces sortes d'éloges, mais seulement de rendre gloire à Dieu, & témoignage à la verité, afin d'exciter par là les Prêtres d'Europe à benir nostre Seigneur, & de leur persuader par l'exemple de ceux qui sont déja passez à Siam, qu'un homme consacré à Dieu par le Sacerdoce, peut souvent beaucoup plus qu'il ne pense pour étendre son Royaume, lorsqu'il est fidele à sa grace. Tout ce que nous allons dire sera tiré d'une Lettre écrite en 1677. à deux Religieuses de France, tantes de M. Langlois, par l'Ecclesiastique qui estoit party d'Europe avec luy.

JE ne puis, dit-il, me dispenser de vous mander quelque chose de l'employ où M. vostre neveu est à present ; car outre qu'il n'a pas le loisir de vous écrire luy-mesme cette année, sa modestie l'empêcheroit assûrement de vous dire ce que je ne dois pas vous cacher pour vôtre consolation. Mais afin de reprendre les choses dés leur principe, vous serez bien aises de sçavoir qu'incontinent aprés nostre arrivée à Siam, les Evesques nous separerent, quoique nous eussions esté jusques alors compagnons, & que nous eussions bien souhaitté d'être toûjours inseparables ; Je fus envoyé à la Cochinchine, & il demeura à Siam, où l'on jetta les yeux sur luy pour luy confier le tresor, dont on vouloit enrichir nos Missions, c'est à dire de jeunes Seminaristes de diverses Nations que l'on élevoit dans le Seminaire pour l'Estat Ecclesiastique. Le zele qu'il fit paroître dans cet employ, fût une marque assurée de la bonté du choix qu'on avoit fait de sa personne. Il sçeut en peu d'années surmonter, par un travail infatigable, toutes les difficultez que l'on peut aisément s'imaginer dans l'instruction des personnes étrangeres, qui n'avoient presque aucune disposition pour apprendre, que l'industrie de leur Maistre. Il y avoit cette difference entre les Maîtres d'Europe & luy, que ceux-là ont un bon nombre de livres où ils trouvent la methode & les matieres toutes digerées dans une langue qui leur est commune avec leurs Disciples; Mais pour luy tous ces secours luy manquerent. Comme il instruisoit plusieurs Cochinchinois, il fallut qu'il étudiât luy-mesme le premier leur langue, & qu'il la reduisit à des principes & à des regles pour servir à tous ceux qui luy succederoient dans cette fonction, & pour faire passer plus facilement ceux qu'il enseignoit à l'étude du Latin: Nous pouvons dire sans le flatter, que nous joüissons de ses travaux, & que c'est à la faveur de ses Ouvrages que nous nous sommes rendus presque sans peine, capables de parler la langue Annamite commune à la Cochinchine & au Tonquin; Il est vray qu'il s'est servy du Dictionnaire & du Catechisme du R. P. Alexandre de Rhodes de la Compagnie de Jesus, que ces deux Royaumes honorent avec raison comme un Apôtre; mais en comparant le grand Apparat de l'un, avec le Dictionnaire de l'autre, il paroist que M. Langlois a beaucoup plus ajoûté de choses, qu'il n'en a trouvé, puisqu'il est vray que son Ouvrage est un livre *in folio* de quinze cens pages, auquel il ajoûta une Grammaire Latine & Cochinchinoise, aussi utile & agreable, qu'elle est courte & intelligible.

Il joignit à ce travail une si grande tendresse pour ces jeunes étudians, que comme l'amour gagne beaucoup plus sur les cœurs bien faits, que la crainte, ils apprirent en moins de quatre ans sous luy à lire, écrire, expliquer, & composer en Latin, & à rendre raison de leur Foy sur toutes les veritez Catholiques; de sorte qu'ils furent bien-tôt en estat de les enseigner aux autres, non seulement en particulier, mais même en public; car dés l'année 1675. & 1676. chacun d'eux parloit à son tour dans l'Eglise de Siam, tous les Dimanches aprés les Vespres.

Vous serez surprises quand je vous diray que l'application qu'eut M. Langlois à les former jusqu'à ce point, ne l'empêcha pas de se perfectionner dans le Portugais & le Siamois en même temps; La premiere Langue luy servit pour prêcher les Dominicales avec beaucoup de grace, & il mettoit l'autre en usage en toutes sortes d'occasions, principalement à l'égard des pauvres prisonniers de Siam, dont il gagna plusieurs par sa maniere insinuante & charitable. Outre cela il fut chargé durant deux où trois ans de recüeillir chaque année, les différentes nouvelles de tous les endroits des Missions, pour en envoyer une relation Latine à Nosseigneurs les Cardinaux de la sacrée Congregation de la Propagation de la Foy. Et comme il vit enfin qu'il n'estoit plus necessaire à ses écoliers, & que d'autres que luy pouvoient prendre ce soin à l'avenir, il se sentit extraordinairement pressé du desir d'aller répandre les lumieres de l'Evangile dans quelqu'un des lieux où l'on manquoit d'Ouvriers. D'abord son cœur le tourna du costé de la Cochinchine, & il eut parole de M. de Berithe, qu'à la premiere occasion, il l'envoyeroit en cette Mission pour nous y joindre ; J'arrivay moy-mesme vers ce temps-là à Siam pour representer à ce Prelat, combien sa presence feroit de bien à l'Eglise Cochinchinoise, s'il pouvoit y passer en personne dans la conjoncture presente où les esprits paroissoient si bien disposez : M. Langlois crût assurément devoir estre de la partie, & il paroissoit estre au comble de ses desirs. Mais Dieu, qui le destinoit à quelque chose de plus glorieux que de bâtir sur le fondement d'autruy, fit naître une infinité d'obstacles à son depart. Il s'offrit donc à M. de Metellopolis, pour aller où il luy plairoit, cet Evêque le connoissant tres-laborieux, luy proposa d'aller planter la foy dans un endroit où l'on n'en avoit point encore entendu parler & prêcher l'Evangile à des peuples éloignez de la ville de Siam d'environ un mois de chemin par eau, qui n'avoient jamais veu de Missionnaires. Quoique ce dessein luy parût difficile dans l'execution, il ne se découragea point, mais aprés s'estre humilié, il prit tous les moyens qu'il crût necessaires pour l'entreprendre avec prudence, & pour le continuer avec succés : Il s'appliqua quelque temps à la Medecine, soit pour pouvoir étendre sa charité sur les corps aussi-bien que sur les ames, ou plûtost pour s'ouvrir le chemin au salut des ames, par la guerison des corps. Cette veuë luy a parfaitement réüssi ; car dés qu'il fut debarqué au lieu où l'on l'envoyoit, (& qui comme nous avons déja dit, est la ville de Porceloüe.) il se presenta l'occasion la plus favorable du monde d'ouvrir sa Mission, par l'exercice de son Art: Il y trouva quarante habitans blessez depuis peu assez dangereusement de coups d'arquebuses, de fleches, & de coutelas, dans un combat donné contre des peuples voisins qu'on appelle Malayois ; Il les entreprit tous pour l'amour de Dieu, avec une extreme confiance en sa bonté, & ce premier essay fut un chef d'œuvre aussi heureux qu'on le pouvoit desirer; Je ne sçais pas positivement s'il n'en mourut pas deux ou trois, mais on a crû jusqu'à present, qu'il les avoit guery tous, ou presque tous. Cette cure luy acquit beaucoup de credit dans tous les esprits, & luy gagna l'affection de tous les cœurs : Les idolatres passerent aisément de la reconnoissance qu'ils avoient pour le bienfait temporel que quelques-uns avoient reçeu, à l'admiration de la charité qu'ils avoient remarquée dans ce nouveau Medecin, & ils sont si fort attachez à sa personne, que je doute qu'ils le laissassent presentement sortir de chez eux, s'il vouloit s'en separer pour aller ailleurs pousser ses conquestes ; mais il n'a garde d'y penser dans un temps, où il ne songe jour & nuit qu'à les instruire & à les affermir dans la creance de l'Evangile; Il bâtist en peu de temps une petite Eglise à Dieu, un Hôpital aux Pauvres, & une maison pour luy ; il vit bien-tost dans cette Eglise plusieurs Neophytes qui l'aidoient à chanter les loüanges de Dieu ; Son Hôpital fut aussi remply de malades, qui se loüoient tous de son zele & de ses remedes, & sa maison fut une école pour la jeunesse qu'il Catechisoit, ou plûtost un hospice ouvert à tout le monde pour entendre parler de Dieu, ou pour recevoir quelque secours, & il estoit soulagé en tout cela par M. Gayme qu'on luy avoit donné pour Compagnon. Voila, mes Sœurs, un petit abregé de ce que M. vostre neveu fait icy, il ne vous l'auroit pas écrit luy-mesme, ou du moins il en auroit suprimé la meilleure partie. Comme je n'ay pas la consolation d'estre auprés de sa personne, j'auray du moins celle de m'entretenir de luy par Lettres avec des Parentes qui luy sont tres-cheres; Je sçay bien qu'il ne me sçauroit pas bon gré, s'il apprenoit ce que je vous mande; Mais apres tout, il ne me paroît pas juste de contenter l'inclination de sa modestie, en vous privant d'un sujet d'édification pour vous, & de reconnoissance envers Dieu : Il lira avec plaisir les Lettres que l'on a receües depuis peu de vous pour luy; Mais cette joye sera differée jusqu'au commencement de l'année 1678, parce qu'on ne pourra luy envoyer vôtre paquet que vers ce temps-là, lors que la riviere, qu'il faut remonter pour aller chez luy, n'aura plus la rapidité qui l'empesche d'estre navigable.

CHAPITRE III.

Le credit & l'authorité des Vicaires Apostoliques s'affermit de plus en plus dans les lieux de leurs Missions.

M^R De Berite écrivoit en Octobre 1676. à M. M. les Cardinaux de la sacrée Congregation de la Propagation de la Foy, que l'Evangile faisoit toûjours, quoy que lentement de nouveaux progrés dans le Royaume de Siam : Et aprés leur avoir dit qu'il y avoit, graces à Dieu, pour lors cinq Residences où plusieurs Missionnaires estoient assez occupez, & qu'on en auroit pû ériger bien d'autres, si on avoit eu des fonds & des ouvriers; Il ajoûtoit que dans toutes ces Résidences il se faisoit toûjours des guerisons surprenantes de toutes sortes de maladies, sans autre remede que l'application de l'huile, & de l'eau benites, d'où il arrivoit que nôtre sainte Foy estoit en plus grande estime que jamais auprés des Infideles, & que l'on devoit esperer que Dieu, donnant avec tant de bonté la santé corporelle à ces pauvres gens, il ne leur refuseroit pas la santé spirituelle & le salut éternel; Qu'au reste, comme il y avoit des peuples de plusieurs langues differentes dans ce Royaume, entre lesquels les Pegüans paroissoient les plus propres à recevoir & à conserver la Foy: un des Missionnaires étudioit leur Idiôme particulier avec un nommé Roch-Mumis, agé de 28. ans, de la race des Bracmenes ou Brachmanes, originaire de l'Isle de Goa, qui étant venu se jetter entre les bras des Vicaires Apostoliques l'année précédente, avoit receu la Tonsure, & s'étoit si heureusement apliqué à cet Idiôme, qu'il l'entendoit & le parloit déja assez passablement pour rendre de bons services. Qu'enfin quatre autres Missionnaires étudioient la langue de Siam, trois celle de la Cochinchine, qui est, comme nous avons dit ailleurs, la même que celle du Tonquin, & deux autres celle de la Chine. Mais ce que les Evêques marquoient particulierement à leurs Eminences, comme la nouvelle de meilleure augure pour l'avancement du Royaume de Jésus-Christ dans leurs Missions, c'étoit que leur authorité dans l'étenduë de leur Vicariats commençoit d'éstre reconnuë bien mieux qu'elle ne l'avoit esté jusques à lors ; Car ils sceurent d'une personne digne de foy, que M. l'Archevêque de Goa donnant à un Prêtre Seculier les Patentes de Gouverneur, c'est à dire de Vicaire General de l'Evêché de Malaca, le Siege vacant, y avoit apposé cette clause. (Nous n'entendons en façon quelconque que ledit Prêtre ait aucune jurisdiction dans les lieux qui ne sont pas du Domaine actuel du Roy de Portugal : *Nullà vero ratione intendimus, ut ulla Iurisdictio iis in locis, quæ actuali Regis Lusitaniæ dominio non subjacent, assumatur.*) De sorte qu'il ne pretendoit point de jurisdiction à Siam. On les assûra aussi que le même Archevêque ayant choisi un autre Prêtre nommé Antoine Morais pour estre Gouverneur de l'Evêché de Macao, & l'ayant presenté au grand Inquisiteur, pour recevoir de luy, selon la coûtume, des Lettres de Commissaire du saint Office : l'Inquisiteur s'excusa de les luy donner, disant qu'il estoit noté à Rome pour avoir autrefois enlevé de Camboye M. Chevreul, Prêtre François, Missionnaire Apostolique, & que par consequent il estoit indigne de l'employ qu'on vouloit luy confier. Enfin un troisiéme Prêtre estant arrivé à Siam avec la qualité de Commissaire de la Bulle de la Croisade, il vint incontinent saluer les Evêques pour leur demander la permission de la publier, & de dire la sainte Messe ; Et comme il vid qu'on n'aprouvoit pas qu'il fit cette publication, il s'en abstint par obeïssance, & il ajoûta qu'auparavant son départ de Goa il fut prendre congé d'un Chanoine de la Cathedrale qui estoit Secretaire de l'Archevêque, & qui luy ayant demandé à qui il obeïroit, quand il seroit à Siam, il luy fut répondu, que c'estoit aux Evêques François, Vicaires Apostoliques envoyez par sa Sainteté, ce qu'il a fait ponctuellement jusques icy. Tout cela est l'effet des deux Brefs du Pape Clement X. que M. Sevin envoya de Surate à Goa à M. l'Archevêque, & à M. l'Inquisiteur, qui se sont ensuite declarez les protecteurs des Bulles du saint Siege.

Cela joint à la disposition generale de la pluspart des Chrestiens, tant du Tonquin que de la Cochinchine, de reconnoître en unité d'esprit l'autorité du saint Siege dans la personne de ses Vicaires, donnoit une esperance bien fondée de voir par tout à l'avenir des conversions plus nombreuses & plus stables que les années precedentes, quoy qu'il s'en fût fait assez pour avoir grand sujet d'en benir Dieu.

Cette disposition generale avoit principalement paru à Siam en 1676, lors qu'on apporta la Lettre de l'Eglise Cochinchinoise, écrite à la fin de 1675. & signée de tous les Prêtres naturels du Païs, qui estoient seulement au nombre de trois, & de plus de cent Catechistes du premier & du second Ordre, qui tous répondans au Bref que nôtre saint Pere le Pape Clement X. leur avoit fait l'honneur de leur écrire, aprés avoir remercié sa Sainteté de cette derniere grace, & de la faveur speciale que le S. Siege leur avoit faite de leur envoyer des Vicaires Apostoliques & des Prêtres Missionnaires d'Europe, luy protestoient vouloir vivre & mourir dans une entiere obeïssance à leur conduite, voulans honorer jusqu'à la fin la Chaire de S. Pierre dans les envoyez du Siege de Rome. Ils écrivoient en même temps beaucoup d'autres choses ; mais comme nous les avons déja mises en abregé dans un des Chapitres de la Relation de l'année passée, nous nous abstenons de les repeter icy, & nous nous sommes contentez de dire en cet endroit précisément ce qui peut faire connoître combien la jurisdiction des Vicaires Apostoliques de la Chine s'establit de jour en jour dans les païs Orientaux, où l'on peut dire que la reputation du S. Siege & l'estime de leur Nation se répand heureusement avec la bonne odeur de l'Evangile.

CHAPITRE IV.

M^{rs} le Roux & Paumard arrivent separément à Siam en 1677.

Le Premier des deux y meurt.

QUoique M^{rs} le Roux & Paumard fussent separez, comme on l'a dit cy-dessus, ils arrivérent pourtant à Siam à trois jours prés l'un de l'autre ; mais avec cette difference, que quoy qu'ils eussent esté tous deux par Malaca sur divers vaisseaux, le premier y passa sept mois, & l'autre n'en avoit employé que quatre à se rendre de Surate à Siam.

Ce dernier nous mandoit de Suali le 22. Avril 1677. qu'il s'estoit embarqué avec deux personnes qui vouloient le suivre à Siam ; L'un estoit un Maistre de Vaisseau assez habile, mais engagé dans le Calvinisme par le malheur de sa naissance ; Il s'attacha si fort à M. Paumard, & il prit tant de confiance en luy, qu'il luy promit de se convertir, s'il luy vouloit faire la grace de le mener à Siam ; Les Peres Capucins de Surate, & Mrs Baron & Bourreau crûrent qu'il faloit l'y mener, & qu'estant engagé comme il estoit au Roy de Siam, il pourroit estre fort utile aux Missions, quand il auroit abjuré son heresie ; C'est pourquoy ils luy obtinrent le Congé de son Capitaine, sans lequel il n'auroit pû executer son dessein. La suite a fait voir qu'il estoit de bonne foy, comme il paroît par une autre Lettre du même M. Paumard écrite aprés son arrivée à Siam, & dont nous allons extraire ce qui suit, tant sur cet article, que sur plusieurs autres.

En partant de Surate, je vous écrivis touchant quelques interests qu'un certain Maistre de Vaisseau avoit à démêler en France ; C'est un homme plein d'honneur dans sa condition, M. Baron avoit de la consideration pour luy, & il se rend aimable de plus en plus à tous ceux qui le connoissent, il est à present Catholique, & bon Catholique, affectionné de nos Evêques, & de tous leurs Missionnaires. Il est à Bancoq depuis quelque temps sous la conduite de M. Vachet, qui en fait cas ; Il est comme resolu à vivre & à mourir avec Nous dans le service des Missions pour les choses dont on le jugera capable. L'on est aussi assez content de l'autre qui est venu avec luy ; Je vous avoüe que tous deux m'édifient, Dieu veüille leur continuer & à nous ses grandes misericordes ; C'est par sa grace que nous sommes venus de Surate à Siam en quatre mois, quoique nous ayons sejourné dix-huit jours à Malaca, sans qu'il nous soit arrivé aucun accident, ny de la part des Holandois, ny par nôtre propre vaisseau, qui n'estoit pas des meilleurs ; M. le Roux estoit

arrivé

arrivé trois jours auparavant moy, mais il s'en faloit beaucoup qu'il eût autant de santé; Il avoit esté si fatigué de la longueur du voyage, & des incommoditez qu'il avoit souffertes, tant par la necessité de se cacher, que par la mauvaise qualité des vivres depuis Malaca jusqu'au terme, qu'il ne faisoit que languir sur la fin de la navigation; & il n'a pas esté en nôtre pouvoir de le rétablir par tous les soins qu'on a pris de luy dans le Seminaire de S. Joseph, où l'on a tâché de ne le laisser manquer de rien: Il est mort enfin avec beaucoup de joye & de confiance le 24. Octobre 1677. environ deux mois apres son debarquement; Et si sa perte nous a causé de la douleur, sa vertu nous a donné bien de la consolation. Le frére René, qui a eu part aux travaux du voyage en est demeuré tout mal sain; mais il y a lieu d'esperer qu'il reprendra ses forces avec le temps.

Pour moy je me portois si bien, quand je sortis de nôtre Navire, que dix jours apres on me donna de l'employ: M. de Berithe, sans attendre le retour de M. de Metellopolis qui estoit pour lors à Bancoq, me donna dans le Seminaire la petite Ecole de quelques enfans Portugais qu'on y éleve comme des enfans du Païs, parce qu'effectivement ils y sont nez: Il y joignit quelques petits Maures Domestiques du Seminaire, & je me trouvay chargé du soin de tous les autres serviteurs, tant pour le spiri-

O

tüel, que pour le temporel. Aidez-nous, je vous conjure, Messieurs, au nom de Nôtre Seigneur, en tout ce que vous pourrez, j'espere avec sa grace, que dans peu d'années l'on pourra voir le Christianisme solidement étably dans ce Royaume, du moins on y voit toutes les dispositions & toutes les apparences qu'on peut desirer; Dieu donne une benediction si visible à la conduite, au travail, & au zele de nos Evêques, qu'on peut en attendre toutes choses, si nous estions aussi fideles que nous devons l'être au service de Nôtre Maître, j'éprouve sensiblement qu'il verseroit sur nous ses divines Misericordes, presque aussi liberalement en faveur de ces peuples, qu'il l'a fait autrefois pour d'autres Pays au commencement de l'Eglise, lors que les Ouvriers, dont il daignoit se servir, ne marchoient que par son ordre, & n'avoient point d'autre motif que le pur zele de sa gloire. Demandez-luy donc, s'il vous plaist, qu'il nous anime du même esprit, & qu'il n'ait point égard à nos miseres. M. de Berithe m'a ordonné de vous prier que l'on voye de sa part la Superieure des Filles du S. Sacrement du fauxbourg S. Germain de Paris, pour luy demander une copie en forme du pouvoir qu'elle a du S. Siege, non seulement d'associer toutes sortes de personnes à la Confrerie de l'Adoration perpetüelle; mais même de communiquer à qui bon luy semblera le même pouvoir, afin que nous puissions icy, & par tout ailleurs, répandre cette devotion avec plus d'autorité : En quoy nous luy donnerons volontiers autant de part, que nous souhaitons en avoir à ses prieres, & à celles de ses Filles dans toutes ses Communautez ; Elle obligera aussi extremement les Capucins de Surate, si elle veut bien leur envoyer le même pouvoir qu'elle m'a donné ; car ils le demandent avec un saint empréssement.

Jusqu'icy ce sont les principaux articles de la Lettre de M. Paumard, qui sur la fin épanche son cœur en actions de graces pour le bienfait inestimable de sa vocation, & pour les consolations interieures que Dieu luy faisoit goûter dans le Seminaire de Siam.

D'autres personnes nous ont mandé, que dés que l'on sceut à la Cour l'arrivée de deux Missionnaires, qui avoient apporté des paquets d'Europe, un Mandarin vint en personne pour s'informer des nouvelles qu'ils contenoient, & sur tout de la maniere avec laquelle on avoit receu en France les dépeches que M. de Chamesson y portoit en 1673, lors qu'il fut arresté dans le Royaume de Golconde, par lesquelles on avoit mandé la pompeuse reception des Lettres de sa Sainteté & de sa Majesté Tres-Chrétienne à la Cour de Siam, avec la resolution qu'on y avoit prise d'envoyer au Pape & au Roy des Ambassadeurs. Les Evêques répondirent, que ces dépesches, aprés avoir

O ij

beaucoup tardé en chemin, à cause de l'accident arrivé à M. de Chameſſon, elles avoient enfin eſté renduës vers le mois de Juillet 1675. qu'on les avoit portées à un des Miniſtres d'Eſtat, qui en avoit informé le Roy quelque temps aprés, parce que pour lors ſa Majeſté eſtoit hors de ſon Royaume, à la teſte d'une de ſes armées, où elle pourſuivoit ſes Conqueſtes en perſonne; Qu'elle avoit témoigné une extréme ſatisfaction d'apprendre avec quelles marques d'honneur l'on avoit receu ſa Lettre à Siam, & qu'Elle ne manqueroit pas de faire paroître à ſon tour ſon eſtime & ſa reconnoiſſance aux Ambaſſadeurs qu'on avoit deſſein de luy envoyer, lors qu'ils ſeroient dans ſes Etats.

Outre cela, M. Gayme eſtant allé deux fois chez le Barcalon, qui eſt comme le Miniſtre d'Etat, qui a ſoin des Eſtrangers, pour luy rapporter à loiſir les nouvelles d'Europe; Il falut luy expliquer fort au long les guerres de France; Ce Miniſtre parut y prendre tant de plaiſir, qu'il oublia même de parler de certaines choſes que le Roy de Siam avoit demandées, quoy que M. Gayme luy en donnât aſſez d'ouverture, en luy inculcant le deſir qu'on avoit de voir au plûtoſt l'execution de l'Ambaſſade Siamoiſe. Les Evêques eſtoient reſolus de la propoſer tout de nouveau, lors qu'on ſeroit aſſûré de la paix avec la Hollande; Car il y a beaucoup d'apparence que cette Ambassade mettroit en grand credit, non seulement les Missions Apostoliques, mais encore la Nation Françoise, & dans le Royaume de Siam, & dans tous les autres Etats voisins.

Sur la fin de cette année 1677. M. de Metellopolis mandoit que le Roy de Siam avoit encore deffendu tout recemment à ses sujets d'aller aux Temples de leur Idole, & qu'on en avoit même aresté depuis peu prisonniers quelques-uns, qui ne laissoient pas d'y entrer au prejudice de sa deffense; Qu'à la verité il estoit difficile de penetrer le vray motif de cette declaration, que plusieurs interpretoient en faveur de la Religion Catholique, quoy qu'on n'en puisse rien dire de certain, parce que ce Prince affecte de cacher ses intentions dans sa conduite; Que neanmoins il estoit seur qu'il avoit envoyé depuis peu un de ses Confidents dire aux Evêques qu'il vouloit les entretenir souvent en particulier dans un lieu fait de nouveau exprés pour cela; Que les peuples y paroissent mieux disposez que jamais à recevoir l'Evangile, Et que s'il faisoit encore quelque démarche favorable à nôtre sainte Religion, bien des gens seroient determinez à l'embrasser; Qu'enfin dés ce temps-là les villages entiers venoient en foule de jour & de nuit entendre la parole de Dieu dans toutes les Residences, avec une émulation qui donnoit de la ferveur aux Ouvriers Evangeliques.

CHAPITRE V.

Le Roy de Siam continüe ses bontez pour les Evêques ; Et les Missionnaires avancent les affaires de la Religion dans ses Etats en 1677.

QUoy que les affaires de la Religion fussent sur un tres-bon pied l'année precedente, elles allerent encore beaucoup mieux celle-cy. La continüation des bontez du Roy ne se fit pas seulement voir dans le soin qu'il eut de faire achever à ses frais le grand corps de logis de briques à deux étages, auquel il ne manquoit plus rien que de le faire blanchir, & qui estoit si necessaire à la Mission, à cause du nombre d'Ecclesiastiques, de Religieux & d'Ecoliers, qui remplissoient le Seminaire; Mais elle éclata encore plus dans l'ordre que sa Majesté donna à un de ses principaux Officiers, de faire porter de sa part aux Evêques une Chaire à prêcher, toute dorée, & d'assister aux Sermons & aux prieres, afin de luy faire rapport de tout : Et ce Prince declara en presence de quelques Mandarins, qu'il n'empeschoit aucun de ses sujets d'embrasser le Christianisme.

Dés l'année precedente, durant le débordement de la riviere qui inonde le Pays, juſtement au temps que les peuples ont coûtume de frequenter les Temples de leur Dieu, il avoit commandé que l'on en fermaſt les portes, & défendu ſous de groſſes peines qu'on n'y laiſſât entrer perſonne. Tout le monde en fut extremement eſtonné : Et comme depuis ce temps-là on ne le vit pas aller au Temple, à la maniere de ſes predeceſſeurs, on diſoit communément, qu'il eſtoit de la Religion des Etrangers. Mais il faut avoüer ingénuement la juſte crainte que nos Meſſieurs eûrent de ce coſté-là : Car quoy qu'il ſoit vray qu'il approuve fort nôtre Religion, on avoit pourtant lieu d'apprehender que les Maures, qui ſe fortifient tous les jours dans ſes Etats, & qui ſont tres-bien venus dans ſa Cour, ne tournaſſent inſenſiblement ſon eſprit au Mahometiſme, ce qui ſeroit le plus grand malheur du monde : Mais il faut demander inſtamment à Dieu, qu'il détourne cet orage, & qu'il détermine enfin ce Prince à prendre le meilleur party. Il eſt ravy d'apprendre des nouvelles d'Europe, & ſur tout d'eſtre informé des conqueſtes du Roy tres-Chrétien, & il a toûjours dans l'eſprit le deſſein d'envoyer des Ambaſſadeurs à Rome & à Paris, ayant même déja commandé à ſes Miniſtres de choiſir des perſonnes les plus propres pour cette Ambaſſade, & de tenir tout prest aux premieres nouvelles de la paix entre la France & la Hollande ; Peut-estre que la Providence veut se servir de cette conjoncture, afin que le Pape & le Roy ayent la gloire de procurer la conversion de ce Prince & de son Etat, par la bonne reception des Seigneurs qu'il doit envoyer, & par les liaisons que l'on pourra faire entre les Souverains & les Couronnes.

En attendant cette grande consolation, l'on peut toûjours benir Dieu des fruits qui se font auprés des sujets de ce Roy, en plusieurs endroits de son Etat. L'Hospital qu'on a fait bâtir pour les malades dans la ville Royale, estoit toûjours remply : Et outre ceux qui le remplissoient, il en venoit chaque jour plus de deux à trois cens de tous costez pour se faire panser de divers maux, & l'on prenoit occasion de leur annoncer Jesus-Christ avec autant de plaisir de la part des Missionnaires, qu'ils faisoient paroître d'attention & de desir de la leur : Aprés quoy ils s'en retournoient publier par tout ce qu'on leur avoit appris : Et l'on ne peut croire combien cela donnoit de reputation à l'Evangile.

M. de Metellopolis les catechisoit, & les exhortoit souvent luy-même : Il estoit dans la sale destinée à les panser, & il les pansoit de ses propres mains : De sorte qu'il ne pouvoit manger d'ordinaire qu'à trois heures aprés midy. Le remede presque unique dont on se sert est de l'huile benite & de l'eau benite, qu'on applique indifferemment à toutes sortes de playes & de maladies, selon la forme prescrite dans le Rituel : Et par la misericorde de Dieu, il n'y a guere de malades qui ne guerissent tout-à-fait, ou qui ne soient notablement soulagez, même de ceux qui sont frappez de la Lepre, que l'on croit communément incurable.

Le nombre des Ecoliers, que l'on instruisoit dans les diverses Résidences, estoit si grand, & leurs Nations si differentes, que l'on y parloit dix ou douze langues. M. de Chandebois avoit à Bancoq, à vingt lieües de Siam, dans la Parroisse de l'Immaculée Conception, une douzaine de Seminaristes, partie Tonquinois, & partie Cochinchinois, qui avançoient extremement dans leurs études. M. le Noir, Prêtre François, qui estoit arrivé l'année precedante, avoit esté destiné au commencement de celle-cy à l'instruction des Tonquinois, lors qu'on les attendoit tout seuls ; Mais M. Vachet estant arrivé de la Cochinchine à Siam le jour de la Pentecoste 1677, pour rendre compte de cette Eglise à M. de Berithe, & ayant amené avec luy plusieurs Cochinchinois qu'on n'attendoit pas, on joignit ceux-cy avec les autres, pour les instruire tous ensemble : Et comme M. Vachet, qui croyoit retourner au lieu, d'où il venoit, vers le mois d'Aoust, fut arresté à Siam jusqu'à l'année suivante pour se refaire un peu de ses longues maladies, on le choisit luy-mesme pour cet employ, qu'il accepta de tout son cœur, & voicy ce qu'il en mande.

Dés que l'on m'eut determiné à demeurer à Siam, l'on m'envoya dans l'un de nos hospices à vingt lieües de la Cour, pour enseigner les nouveaux écoliers qui estoient venus du Tonquin, & ceux que j'avois amenez avec moy de la Cochinchine, qui tous ensemble faisoient le nombre de douze ; Je fus si édifié de leur modestie & de leur docilité, & si content de leur travail, qu'il auroit esté difficile d'ajoûter quelque chose à ma joye, & n'estoit qu'il falloit necessairement retourner à la Cochinchine, lorsqu'on me l'ordonneroit, je leur aurois donné tres-volontiers tout le reste de ma vie. Avant la fin de l'année il y en avoit deux à qui j'expliquois la Theologie d'Abelli, & tous les autres sçavoient au moins lire & écrire nos caracteres, outre la connoissance de quelques principes du Latin qu'ils apprenoient avec assez de facilité. Il est vray qu'il m'en a beaucoup cousté pour leur rendre leur étude aysée ; car tout le temps que je n'estois pas avec eux, fut employé à traduire en leur langue les premiers élemens de la Latine, avec une certaine methode fort courte pour la leur apprendre, & pour leur donner quelque entrée dans les sciences.

Lorſque j'eſtois ainſi occupé, M. Langlois m'écrivit de Porceloüe, où Dieu continüoit à le benir, que ſi l'on pouvoit luy envoyer bientoſt de Siam le ſecours qu'il eſperoit, il s'enfonceroit juſqu'aux extremitez du Royaume, & juſques ſur les Frontieres de Laos, où il a déja fait des connoiſſances, & établi des correſpondans; Ce ſecours luy fut enfin accordé dans la perſonne d'un Religieux Dominicain de la Province de Manille, qui alla le joindre vers la fin du mois de Juillet, avec un Acolyte, originaire des Indes, pour y faire la fonction de Catechiſte.

Quelques mois aprés on reçeut une nouvelle aſſez affligeante de ce qui s'eſtoit paſſé à Tennaſſerin, dans la reſidence de M. Perez: Celuy qui eſt Gouverneur de cette Province pour le Roy de Siam, manda aux Evêques qu'un certain Hollandois avoit griévement bleſſé ce bon Prêtre, lorſqu'il eſtoit dans ſa maiſon à reciter ſon Office. L'on n'a point bien ſçeu quel fut le ſujet d'un inſulte ſi fâcheux; mais les Vicaires Apoſtoliques prierent ſur le champ M. Forget, qui tout infirme qu'il eſt, ſe preparoit pour la Miſſion de la Chine, d'aller ſecourir ce cher Confrere, & de prendre ſa place en cas de mort; de ſorte que l'on pourveut à cette Paroiſſe, ſans affoiblir aucune des cinq autres.

L'on eut même le moyen d'en commencer heureusement une sixiéme dans un endroit où les peuples paroissent encore plus propres au Royaume de JESUS-CHRIST, parce qu'ils sont plus éloignez du commerce & de la conversation avec les Etrangers qui viennent trafiquer à Siam ; Ils montrérent d'abord une ferveur incroyable, & ils venoient en foule écouter la parole de Dieu, & demander de nostre hüile & de nostre Eau benite, dont ils avoient appris que l'on se servoit pour faire des Cures extraordinaires ; Mais quelque temps aprés il se refroidirent un peu par la crainte que quelques gens firent naître en eux : On leur dit que s'ils continüoient à s'assembler avec tant d'empressement chez un inconnu qui leur publioit une nouvelle Religion, il leur pourroit bien arriver la mesme chose qui leur estoit déja arrivée dans une autre occasion, lors qu'estans allez adorer un certain homme de campagne, qu'ils avoient pris pour une Divinité, le Roy leur Souverain fut informé du concours qui s'y faisoit, & il fit punir tous ceux qui furent convaincus d'avoir donné dans cette dangereuse nouvauté. Mais quoique cette reflexion les eût rendus moins fervens à aller trouver le Predicateur de l'Evangile, l'on esperoit les guerir avec un peu de patience de cette terreur panique qui s'estoit emparée de leur esprit.

CHAPITRE VI.

Nouvelles reçeües à Siam de divers endroits en 1676 & 1677.

ON a sçeu de quelques-uns qui estoient venus du Japon, que l'on n'y faisoit plus une recherche si exacte des personnes qui suivoient nostre sainte Foy. On disoit mesme qu'il y avoit quelques Ministres de l'Evangile qui s'y estoient enfin introduits, & qui s'y tenoient cachez. Ce bruit peut se confirmer par l'instance, que fit pour lors auprés des Evêques François à Siam, un Catholique qui étoit sur le point d'y faire voyage, car il les pressa fort d'y envoyer un fer à Hosties. Ainsi l'on a sujet de croire que la Religion s'y conserve, quoiqu'elle y soit toûjours persecutée; car on ajoûtoit que l'on avoit encore martyrisé peu de temps auparavant trente Japonois Chrestiens, dont la sang sera le semence de plusieurs autres. _{Du Japon.}

A l'égard du negoce que l'on peut faire dans ce Royaume-là, les Marchands se plaignoient du peu de profit qu'on y faisoit, depuis que les naturels du païs avoient mis eux-mesmes le prix aux marchandises étrangeres, & qu'ils donnoient en payement du cuivre, de l'or & d'autres choses semblables sur le pied que bon leur sembloit.

Des Phi-lippines. L'Archevesché de Manille estant vacant par la mort de son Prelat, qui avoit esté tiré de l'Ordre de S. Dominique, de la celebre Province des Philippines; le Roy d'Espagne a nommé en sa place le R. P. Philippe Pardo, Provincial de cette Province, & du mesme Ordre; son grand merite a rendu sa nomination tres-agreable à tout le monde; & le seul déplaisir qu'on a, c'est qu'il ne pourra estre sacré de long-temps, parce que tous les suffragants de cet Archevesché sont morts, & que leurs sieges ne peuvent estre si-tost remplis, à moins que ceux qui ont esté nommez par sa Majesté Catholique, ne viennent à Siam se faire sacrer par les Vicaires du S. Siege.

On écrivoit de Manille à Siam aux Evéques François en Mars 1677. qu'on y faisoit estat d'envoyer bien-tost des Ouvriers Evangeliques aux Terres inconnües, pour les découvrir, & pour y prêcher l'Evangile, & que pour l'execution de ce dessein, l'on faisoit faire deux barques. Cette nouvelle fut aportée par deux Peres Dominicains de la Province des Philippines, qui estoient âgez d'environ 27. ans, & dont l'un estoit Diacre, & l'autre sous-Diacre; Ils estoient venus trouver les Vicaires Apostoliques par ordre exprés de leurs Superieurs, pour estre ordonnez dans le Seminaire, & il n'en fortirent point qu'ils ne fuffent promeûs au Sacerdoce : Ce fut par eux qu'on apprit que les François, qui avoient efté arreftés avec M. d'Heliopolis, lorfque le Vaiffeau qui portoit ce Prelat au Tonquin avoit efté obligé par la tempête de relâcher aux Philippines, étoient mieux traitez depuis que l'on y avoit reçeu de la nouvelle Efpagne des depêches qui leur étoient fort favorables.

On publioit en 1677. que Macao s'affoibliffant de jour en jour, les Habitans avoient envoyé une Ambaffade à Pequin, Capitale de la Chine, & pour prefent un Lion qu'ils promettoient depuis long-temps à l'Empereur; & comme ils mettoient dans cet Animal prefque toute l'efperance de rétablir leur commerce & leur Ville, qui eftoient fur le point d'une ruine entiere, ils ont eû tres-grand foin de le conferver & de le garder du poifon dont ils le croyoient menacé par les mauvaifes intentions de quelques efprits jaloux, qui ont des interefts tout contraires aux leurs. Cette pauvre Ville eftoit reduite en telle extremité, que fi l'on eût donné liberté aux particuliers d'en fortir, l'on difoit qu'elle auroit efté bien-toft deferte ; Ce qui l'a mife en cet eftat, c'eft la ceffation du commerce depuis que les Hollandois ont envoyé leurs vaiffeaux trafiquer aux Ifles voifines, où les Chinois fe rendent réglément chaque année pour faire negoce avec eux.

De Macao.

De l'Isle de Java.

Les Lettres de Bantan de la même année portoient que depuis plus d'un an le Roy de l'Isle de Java (dont le Royaume de Bantan a esté demembré, comme on l'a dit dans la Relation de 1679.) estoit en guerre avec un de ses fils qui se disoit Seigneur de l'Isle de Madoura; Et que les Hollandois ayant pris le party du Pere, avoient perdu plus de douze cent hommes, tant de maladie, que dans plusieurs combats donnez sur mer. Ce mauvais succés joint aux autres pertes qu'ils avoient faites dans l'Isle de Ceylan, dans le Macassar, & sur les mers de la Chine, avoient fait craindre qu'ils ne fussent peut-estre contraints d'abandonner quelques-unes de leurs places; mais ils se sont conservez par tout, & leur Compagnie s'est soûtenüe avec honneur, quoique trois de ses meilleurs Vaisseaux qu'elle envoyoit avec de bons hommes pour profiter de la division des Chinois & des Tartares eussent miserablement pery par la tempête sur les côtes d'Emoüy, qui est une Isle voisine de la Terre-ferme de Chincheo, l'une des Provinces de ce grand Empire.

Des Isles des Larrons.

Les Isles des Larrons sont, comme l'on sçait à l'Orient des Philippines; les Espagnols en estoient les Maistres, mais l'on assuroit que les naturels du Païs avoient fait main-basse sur eux, & qu'ils avoient enveloppé dans ce meurtre general quelques Religieux qui travailloient

soient à leur conversion avec beaucoup de zele. L'on ne convient pas tout à fait de la veritable cause d'un massacre si cruel, d'abord le bruit avoit couru que c'estoit purement en haine de la Foy, mais on a publié depuis que c'estoit un pur evenement de politique appuyé sur des raisons humaines. Puisque la mort de tant de personnes de merite est constante, il est a souhaitter pour leur propre gloire, & pour celle de toute l'Eglise qu'elle soit devant Dieu un veritable martyre, & qu'ainsi ces secondes nouvelles soient moins vrayes que les premieres.

CHAPITRE DERNIER.

Conclusion de la Relation.

SI la prudence du siecle a crû pouvoir douter jusqu'icy que les Missions des Vicaires Apostoliques dans l'Orient fussent des entreprises de durée, elle peut à present finir tous ses doutes par la connoissance des benedictions que Dieu y répand tous les jours de plus en plus. Quand on parla du projet de ce grand dessein en 1658. & 1659. il estoit assez excusable que les Sages de la terre, qui ne mesurent les choses que par des lumieres humaines, regardassent d'abord celle-cy comme une pure idée, qui ne passeroit jamais à l'execution, ou

P

qui, si elle alloit jusques-là, n'iroit pas beaucoup plus loin qu'à de foibles commencemens qui avorteroient bien-tost.

Mais comme il est heureusement arrivé par la Misericorde divine, que toutes ces conjectures se sont trouvées fausses, quoiqu'elles parussent assez bien fondées à quelques esprits ; Il est temps que toute l'Europe, & particulierement la France, ouvre les yeux pour reconnoître que c'est icy l'Ouvrage, non pas des hommes, mais de Dieu mesme, puisque malgré l'incredulité de quelques-uns, & l'opposition de plusieurs autres, non seulement il subsiste avec fermeté, mais encore il s'avance & se perfectionne d'une maniere surprenante.

Il y a dix-neuf ou vingt ans que les Evêques sont partis avec leurs premiers Ouvriers ; il y en a dix-huit qu'ils sont arrivez à Siam, sans sçavoir presque ce qu'ils deviendroient, & où ils iroient, parce que l'entrée des Royaumes où l'on les envoyoit, estoit pour lors fermée ; celuy qu'ils ne cherchoient pas leur ouvrit son sein, Siam les reçeut, ils s'y établirent, ils s'y logerent, ils s'y bâtirent, ils y firent des habitudes, ils en apprirent la langue avec celle des autres Estats de leurs Vicariats Apostoliques ; & dés qu'ils les sçeurent suffisamment, & qu'ils pûrent s'introduire dans les lieux de leurs Missions, ils s'y répandirent qui d'un costé, qui de l'autre, & par tout ils commencerent à travailler si solidement, que quoique les uns soient morts, ou en chemin ou au terme, & que tous generalement ayent beaucoup souffert, rien n'a esté capable de décourager ceux qui restoient, & ils ont eu la consolation de voir toûjours croistre la semence qu'ils avoient jettée.

Ceux qui voudront se donner la peine de lire toutes les Relations que l'on a faites jusqu'à present, y verront, comme par degrez, les progrés de l'Evangile ; Ils s'étonneront qu'en si peu de temps, un si petit nombre de Prêtres ait pû s'uffire à tant de choses & à tant de lieux differents ; ils remarqueront que depuis huit ou dix ans, il ne s'est presque point passé d'année que l'on n'ait augmenté le Troupeau de Jesus-Christ de douze à quinze mille ames ; ils admireront que des Prêtres étrangers, qui sont dans la Cochinchine, y font librement toutes leurs fonctions, & marchent publiquement en habit Ecclesiastique, avec l'agrément du Roy, & à la veüe de tous les Grands qui ne les respectent pas moins que le peuple. Ils s'étonneront aussi de ce que ceux qui prêchent dans le Tonquin, quoiqu'ils soient dans une continuelle persecution, tout cachez qu'ils sont sous l'apparence de Seculiers, y convertissent communément plus de monde, & y ont en effet une Eglise beaucoup plus nombreuse qu'à la Cochinchine. Ils seront ravis de voir que le Royaume de Siam,

P ij

où il s'eſtoit fait d'abord ſi peu de converſions, fournit luy ſeul cinq ou ſix Reſidences, où Dieu autoriſe la predication de ſes Serviteurs par des prodiges, & où les Miniſtres de ſa parole ſont en veneration à la Cour, & dans les Provinces, juſques-là que le Roy leur a fait bâtir une maiſon dans ſa Ville Capitale.

Ils beniront Dieu de ce qu'on éleve dans ce dernier Royaume, des Seminariſtes de pluſieurs Païs, du nombre deſquels on a déja promeû au Sacerdoce des Tonquinois, des Cochinchinois, & quelques autres qui avancent la gloire de Jesus-Christ dans leurs Patries, pendant que l'on en forme d'autres à l'Eſtat Eccleſiaſtique pour les ayder, & pour leur ſucceder, en leur faiſant faire toutes les études convenables, & en les preparant peu à peu à paſſer de la Tonſure à la Prêtriſe, par les degrez des autres Ordres. Enfin ils feront reflexion avec plaiſir, que toutes choſes concourent de toutes parts à l'affermiſſement & au ſoûtien de ces Miſſions. La Juriſdiction des Evêques eſt preſque univerſellement reconnüe dans toute l'eſtendüe de leurs Vicariats : Les autres Miſſionnaires des Ordres Religieux ſe joignent à eux, les Princes idolâtres les honnorent & les aſſiſtent, les peuples les viennent écouter en foule pour s'inſtruire & ſe convertir; ils jettent les premiers fondemens de la hierarchie, en formant un Clergé des naturels mêmes de ces

Païs Infidelles, pendant qu'on leur envoye de temps en temps, des Prêtres d'Europe qui vont les rafraîchir & les secourir, autant qu'on le peut, par la correspondance que le Seminaire étably à Paris pour les Missions étrangeres, entretient avec eux depuis qu'il a plû au Roy luy donner ses Lettres Patentes verifiées en Parlement en 1663. & que le S. Siege a confirmé ce mesme établissement par ses Lettres Apostoliques. Sa Majesté a même voulu depuis peu contribuer par ses liberalitez Royales, aux frais du voyage des derniers Missionnaires qui sont partis cette année: Outre les pensions qu'elle accorda en 1665 à Mrs d'Heliopolis & de Berithe, sur des Benefices de France ; & le Pape Innocent XI. encherissant sur le zele que tous ses Predecesseurs ont eû pour soûtenir cette Colonie sacrée au milieu de l'idolatrie, n'a rien eu plus à cœur, que de voir la Sacrée Congregation de la Propagation de la Foy, donner tous ses soins pour en discuter les interests, pour en apuyer les chefs & les membres, & pour en assûrer la conservation & l'accroissement, tant du costé du spirituel, que d'une partie du temporel, principalement depuis que la Providence a conduit M. d'Heliopolis à Rome par des ressorts incomprehensibles, & par des routes d'autant plus admirables, qu'elles paroissoient plus opposées au bien public de ces Eglises naissantes, dont il semble que ce Prelat ne se soit éloigné par accident, que pour les servir plus utilement par son absence, & pour les aller rejoindre ensuite avec plus de joye & plus d'avantage.

Aprés cela peut-on raisonnablement se figurer qu'une Mission que Dieu benit de ses graces, que les Papes soutiennent par leur autorité, qu'un si grand Roy honore de sa protection & de ses bien-faits, & que les autres Puissances de la Terre regardent avec estime & bien-veillance, aprés avoir essuyé toutes les difficultez des commencemens, toutes les tempêtes des persecutions, & toutes les oppositions de la Terre & de l'Enfer, vienne à se détruire dans un temps où elle est toute fortifiée malgré les combats qu'il luy a fallu soûtenir, & où elle void une assurance presque certaine de se perpetuer elle-mesme, non seulement par les secours d'hommes & d'argent qu'on peut envoyer d'Europe, mais aussi par le credit qu'elle s'est acquise dans tous ces Royaumes Orientaux, par la multitude des Chrêtiens qui croist tous les jours, & par le ministere des Prêtres qu'elle tire de leur nombre pour travailler avec moins de peril & plus de stabilité dans leur Patrie.

Il n'y a donc plus rien qui puisse faire perdre courage, on a sujet au contraire de concevoir toute l'esperance imaginable d'un fruit permanent ; Il faut que tout le monde tâche d'y prendre quelque part, autant qu'on le peut, & c'est se faire honneur à soy-mesme dans le temps, & se procurer un grand merite pour l'Eternité, que de concourir de toutes ses forces à un bien de cette importance : Les Laïques y peuvent beaucoup par leurs liberalitez, les Ecclesiastiques encore plus par leurs personnes, & tout le monde par des prieres : Nous demandons aux uns & aux autres pour l'amour de Nôtre-Seigneur, qu'ils ne nous abandonnent pas, & que chacun nous preste la main en sa maniere ; car quoique Dieu puisse absolument se passer de nous, s'il vouloit faire des miracles, ce seroit pourtant le tenter que de s'y attendre en negligeant les moyens communs & ordinaires ; & d'ailleurs il est de nostre devoir d'offrir de sa part aux Chrétiens d'Europe, la grace qu'il veut bien leur faire de les associer en quelque façon au Ministere du salut des ames, en les faisant contribuer selon leur capacité à la conversion des Idolatres.

Les personnes de vertu qui auront un peu de zele pour la gloire de Jesus-Christ, trouveront assûrément fort bon qu'on leur represente icy les besoins de ses Ministres dans les terres les plus éloignées, où l'on peut dire qu'ils portent tout le poids du jour & de la chaleur. Le Procureur general des Missions nous mandoit que dans le seul Seminaire de S. Joseph, qui est celuy de la Capitale de Siam, on avoit dépensé cinq mille francs en 1677. & cela seulement pour la nouriture de tous ceux qui y étoient, & pour l'entretien de quelques Domestiques qui faisoient avec les Maistres, cinquante ou soixante personnes. De sorte qu'à supputer sur ce pied-là combien il leur faudroit de revenu chaque année, tant pour les autres dépenses de ce Seminaire, que pour toutes les residences du mesme Royaume, & pour les Ouvriers de la Cochinchine, du Tonquin, & des autres lieux où il y a quelques Missionnaires, on ne croit pas qu'il faille moins que douze ou quinze milles livres par an, avec tout le menage possible, sans y comprendre ce qui seroit necessaire, soit pour les presens qu'il faut faire par tout pour se conserver l'amitié des Grands, soit pour entreprendre toutes les nouvelles Missions qui se presentent assez souvent, & qui demeurent faute de pouvoir fournir le Viatique aux Ouvriers, soit enfin pour redimer les nouveaux Chrêtiens de toutes les vexations qu'on leur fait, & pour racheter tantost leurs personnes, & tantost les images, les ornemens, & toutes les choses saintes qui tombent quelquefois par malheur entre les mains des persecuteurs Idolâtres.

On a été unefois sur le point de fondre les Vaisseaux sacrez au Tonquin, pour payer la taxe qu'on avoit faite sur quelques Confesseurs de

JesusChrist; On s'est veu une autrefois dans le mesme Royaume exposé aux reproches d'un grand Seigneur, & par consequent au peril d'une nouvelle persecution, parce que la pauvreté des Missionnaires ne leur avoit pas permis de reconnoître ses services. Il s'est presenté à Siam une occasion favorable d'envoyer seurement un ou deux Prêtres à la Chine, & rien n'arresta les Evêques, que l'impuissance absoluë où ils estoient pour lors de leur donner le necessaire, quoiqu'ils eussent emprunté une somme considerable qu'ils doivent encore, & qu'ils ne payeront pas si tost, à moins qu'ils n'ayent quelque resource extraordinaire.

Que si l'on veut joindre à cela ce que coûtent les Missionnaires que l'on a éprouvez dans le Seminaire étably à Paris pour ce dessein, & qui (comme l'on sçait) n'est pas fondé; Si l'on met en ligne de compte la dépense que l'on fait, non seulement pour ceux qui sont jugez propres à ce grand employ, mais aussi pour les autres dont la vocation ne paroist pas bonne aprés plusieurs mois de sejour & d'épreuve. Si l'on examine les frais qu'il faut faire pour les voyages de ceux que l'on determine à partir; soit par la route de l'Ocean, soit par le chemin de terre, tant pour leur Viatique, que pour les choses necessaires ou curieuses qu'ils emportent à Siam; Tout cela monte si haut, qu'il y a lieu de s'étonner comment on a pû jufqu'à prefent y fournir, fur tout dans les dernieres années depuis que la mort nous a enlevé les perfonnes qui fervoient de principaux appuis à ces Miffions ; Auffi Dieu fçait de quelle maniere les Miffionnaires y vivent au jour la journée, & il n'y a que luy qui connoiffe ce qu'ils y fouffrent, fans qu'ils s'en plaignent.

Il eft bien fâcheux de voir que par la perte qu'on a faite de ces premiers protecteurs, & par le malheur des temps les aumônes diminuent, lorfque les befoins augmentent ; & que des Ouvriers, dont la plûpart ont quitté le commode dans leur païs, foient reduits à une veritable indigence dans une vie tres laborieufe au milieu d'une terre étrangere. Auffi peut-on dire que ce ne feroit pas pour eux une petite tentation, fi le mefme amour, qui leur a fait commencer de fi grandes chofes, ne les y tenoit auffi attachez dans leur plus grande pauvreté, qu'ils l'eftoient dans le commencement, lorfqu'ils manquoient moins, & qu'ils n'avoient pas encore perdu par divers accidens, une partie de leurs effets avec le fecours de leurs amis.

A la verité, la connoiffance que l'on a de la mortification & de la confiance avec laquelle ils portent tout cet état, fans qu'aucun d'eux penfe à s'en tirer, eft d'une part une grande confolation pour les perfonnes qui s'intereffent aussi fortement que nous en tout ce qui les regarde ; mais d'un autre côté, plus on est persuadé de leur vertu, plus on est sensible à la peine qu'ils doivent avoir, non pas tant d'estre privez de plusieurs soulagemens pour eux-mêmes, que d'estre hors d'état d'en procurer de semblables à des Neophytes, qui sont quelquefois dans la derniere extremité, & de ne pouvoir ny faire des presens aux Seigneurs Idolâtres pour les gagner, ny donner quelques petites devotions aux Cathecumenes & aux nouveaux Chrêtiens pour les encourager, ny entreprendre de nouvelles Missions auprés de quelques infideles pour les convertir, faute d'un petit fonds pour aller jusqu'à eux, & pour vivre avec eux sans leur estre à charge, à l'exemple de S. Paul, qui mettoit sa gloire à prêcher l'Evangile, sans paroître interessé, & sans qu'il en coûtât rien à ses Auditeurs.

Peut-estre qu'il se trouvera des riches vertueux qui se laisseront toucher par toutes ces reflexions, & qui ne manqueront pas de moyens pour assister les Serviteurs de Dieu, dont toute la passion est de ne rien avoir que pour l'employer à étendre son Royaume. Combien par exemple de montres & de pendules, combien de cristaux & de miroirs, combien de bijoux, d'ouvrages en broderie, d'étoffes pretieuses, & d'autres meubles, ou tout à fait inutiles ou peu necessaires, qui seroient d'un grand usage dans ces nouvelles Eglises, soit pour parer les Chapelles où l'on s'assemble, soit pour presenter aux Princes & aux Officiers de leurs Estats, dont il est important d'avoir l'amitié; Combien d'argent perdu au jeu, ou prodigué en habits, en festins, en divertissemens trop souvent criminels, qui entre les mains des Ouvriers Evangeliques, éteindroit des persecutions, & convertiroit des Provinces & des Royaumes? Combien de gens qui font de grandes aumônes, tant des revenus Ecclesiastiques, que des biens de Patrimoine pourroient aisément les étendre jusque sur les pauvres de Siam, du Tonquin, de la Cochinchine, de Camboye, de Ciampa, de Laos, de la Chine, & de tant d'autres Païs, où ils auroient le merite de planter la Foy par les mains d'autruy, s'ils vouloient ouvrir les leur par leurs liberalitez, aux Ouvriers qui les dispenseroient en leur nom? Plaise à Nostre Seigneur de les inspirer là dessus, & de leur faire connoistre qu'ils ne peuvent rien faire de plus grand pour leur salut, puisqu'on peut assurer, sans entestement & sans exageration, que l'Eglise n'entreprend rien aujourd'huy de plus élevé, ny de plus étendu que ces sortes de Missions, qui ont pour objet tout l'Orient.

Mais si cette consideration peut animer des gens du monde à donner quelque petite partie de leurs biens pour ayder à sauver les Infideles;

les Ecclesiastiques, qui sont dans les Ordres sacrez, & qui ont l'esprit de leur profession, ne devroient-ils pas s'offrir eux-mêmes pour aller porter le spirituel avec le temporel à ces pauvres ames abandonnées, qui reclament leurs secours, & qui se perdront éternellement faute d'Ouvriers, dont le zele les aille chercher jusqu'aux extremitez de la terre, dans les tenebres du Paganisme? On avoit esperé qu'on pourroit se passer bien-tost des Missionnaires qu'on envoye d'Europe, ou que du moins il suffiroit qu'il en partît de temps en temps quelques-uns en petit nombre, parce qu'on croyoit que les Catechistes du Tonquin & de la Cochinchine se multiplians de jour en jour, on trouveroit parmy eux assez de Prêtres pour peupler raisonnablement ces deux Royaumes, & pour les disperser encore en d'autres Estats, mais les principaux Chrêtiens ont crû devoir prier M. de Berithe pour de tres bonnes raisons, qu'on ne les élevât point au Sacerdoce, qu'ils n'eussent atteint au moins l'âge de 40. ans, & qu'ils n'eussent donné des preuves de leur fermeté dans la Foy, de leur integrité dans les mœurs, de leur talent dans le Ministere de la parole, & de la pureté de leur zele pour le salut de leur Païs durant l'espace de plusieurs années ; de sorte qu'en attendant que ces sujets, qui sont sur les leux, ayent acquis toutes les qualitez qu'on desire en eux, il faut supléer à leur defaut par un bon nombre d'étrangers, dont la doctrine & l'exemple puisse achever de les instruire & de les enflammer tous.

Entre ceux qui ont eu le courage d'entreprendre ce voyage, les uns sont morts sur le chemin, les autres au terme ; & ceux qui sont encore vivans ont esté si accablez de travail, qu'ils sont déja épuisez de forces pour la pluspart ; Il faut donc aller renouveller non seulement les simples Missionnaires, mais aussi les Chefs de la Mission ; & quoique communément parlant la vertu soit plus necessaire que la science à des Ouvriers Evangeliques ; cependant on a besoin presentement de l'une & de l'autre, parcequ'il faut des gens capables de succeder à ceux qui ont eu jusqu'à present la conduite de cette sainte entreprise. Un de nos Messieurs nous écrivoit en 1677. en ces propres termes : *Il nous faut icy des Docteurs, c'est à dire des gens habiles pour enseigner les Pasteurs, & pour desarmer les faux sçavans ; Il nous faut des Prophetes pour annoncer l'Evangile avec tout le feu de l'Esprit divin, & pour discerner le talent des Ouvriers, & le besoin des brebis ; C'est particulierement aujourdhuy que nos Missions demandent de ces deux sortes de personnes. Ie suis certain qu'il y a plusieurs Ecclesiastiques en France que Dieu remplit de tant de lumiere & de tant d'ardeur, qu'ils feroient icy en peu de temps un fort grand fruit, s'ils y venoient avec quelque disposition pour les Lan-*

gues, dans le pur desir de plaire à Dieu, & de luy obeïr sans resistance.

On n'ignore pas qu'il ne faille une vocation particuliere pour un employ si auguste; & l'on seroit bien fâché de condamner qui que ce soit de ceux qui ne se presentent pas pour s'y consacrer; mais on peut dire en general qu'il y en a plus qu'on ne pense, qui verront peut-estre à l'article de la mort, quoique trop tard, qu'ils ont moins manqué de vocation, que de courage; & que c'est une lâcheté toute pure qui les a retenus presque sans occupation dans leur Pays, lorsque Nôtre Seigneur les pressoit secretement d'aller travailler dans les Terres éloignées. Il est assûré que s'ils sçavoient un peu combien il recompense dés cette vie la generosité du sacrifice qu'il faut faire pour en executer le dessein, ils se trouveroient si bien payez par avance, qu'ils ne balanceroient pas à s'y déterminer pour son amour; Car quoiqu'il y ait beaucoup à souffrir, le Maître, que l'on sert, sçait bien consoler; Et pour en estre convaincu par experience, il ne faut que transcrire icy les sentimens de deux Missionnaires, dont l'un arriva à Siam en 1676. & l'autre l'année suivante.

Le premier est M. Thomas qui s'explique ainsi en écrivant aux Directeurs du Seminaire de Paris. *Je ressens, Messieurs, une grande joye de me voir enfin dans l'estat où je suis, dont j'ay en-*

core plus d'estime que je n'en avois en France ; Ie vous remercie de tout mon cœur, puisque c'est par vostre moyen que le chemin des Missions m'a esté ouvert, & je reconnois qu'il estoit bien juste d'acheter par plusieurs travaux & retardemens, le bonheur extreme dont je joüis.

Le second est M. Paumard qui parle encore avec plus d'épanchement. Depuis que je suis arrivé, dit-il, je suis dans un continuel festin de joye d'estre sous la direction des Vicaires Apostoliques dans la Compagnie de leurs Missionnaires, & à estre appellé à un estat aussi Saint, qu'est celuy où je me trouve engagé. Ie vous diray à peu prés, Messieurs, ce que disoient les habitans de Samarie à cette femme de leur Ville ; que JESUS-CHRIST avoit convertie, quand ils l'eurent entretenu luy-mesme. Vos charitables instructions m'avoient donné une haute idée de l'estat d'un Missionnaire Apostolique, mais l'experience que j'en ay, quoique je ne fasse que commencer, ne conserve pas seulement l'estime que j'en avois conceüe, elle l'augmente mesme d'une maniere tres-consolante & tres-sensible. Plût à Dieu que je pusse vous ouvrir mon cœur entierement, & vous representer sur ce papier au naturel, ce que sa Divine Bonté fait en faveur de ceux qui s'abandonnent à luy en toute confiance ; Car si moy, qui ne l'ay fait que d'une maniere tres-imparfaite, je m'en sens si bien recompensé, que ne doivent pas attendre ces ames genereuses qui le feront parfaitement ? Il ne faut point
consulter

consulter la prudence de la chair, il faut s'en tenir à la Foy seule, elle nous dit qu'il faut chercher & étendre le Royaume de Dieu & sa Justice, & que tout le reste nous sera donné abondamment. C'est deshonorer nostre cher Sauveur, & se défier de la verité de ses paroles, que de s'excuser d'aller luy conquerir des ames, en les délivrant de la tyranie du demon, sous pretexte qu'on manquera peut-estre de subsistance, de santé, de forces, & qu'on n'a pas assez de vertu pour souffrir les incommoditez de la mer ou de la terre, les persecutions, les maladies, la separation d'un Confesseur ou d'un Directeur, & generalement toutes les autres privations que l'on prévoit comme des maux inévitables. Toutes ces terreurs sont des artifices de nostre ennemy capital, qui ne trouve que trop de gens credules dont il abuse; mais les ames bien éclairées, luy répondent sans s'émouvoir, que celuy qui ne cherche que Dieu, trouve tout en luy, quand il manqueroit de tout en apparence. Que ne puis-je donc attirer quantité de mes chers Compatriotes & plus chers Confreres à ce Banquet royal de la Conversion des ames où Dieu les invite? Helas! s'ils refusent d'y venir, je crains bien fort qu'il n'aille appeler les autres Nations, & qu'il ne fasse entrer en nostre place les premiers venus, qu'il revestira de la precieuse robe Nuptiale de la Charité, de l'abnegation d'eux-mesmes, & d'un entier abandon à sa divine conduite; Car enfin il nous fait honneur de nous employer, il n'a pas besoin de nous ny de nos biens; & si nous faisons les

Q

rencheris, il sçait bien à qui il transportera les graces qu'il nous avoit destinées.

Jusqu'icy ce sont les sentimens de ce Missionnaire, qui dans le fond ne pretend point qu'il faille exclure les Prêtres qui ne sont pas de nôtre Nation, (ce seroit une jalousie indigne du Caractere Sacerdotal;) Il veut dire seulement qu'en recevant des Ouvriers de toutes sortes de Païs, il ne faut pas souffrir par lâcheté, que le nostre perde la part que le S. Siege luy a donnée à cette importante Mission, qui bien qu'elle soit une Mission Apostolique, a pourtant tiré ses premiers Ouvriers & ses premiers fonds de la France, comme elle tire toute son autorité & toute sa conduite de Rome. Aussi attend-elle de l'une & de l'autre, la continuation des bien differens qu'elle en a reçeüs.

FIN.

Extrait du Privilege du Roy.

PAR Privilege du Roy donné à S. Germain le 5. jour de May 1680. signé LE PETIT, & scellé. Il est permis au Sieur CHARLES ANGOT, Libraire à Paris, d'imprimer ou faire imprimer, vendre ou debiter, *La suite des Relations des Missions & des Voyages des Evêques, Vicaires Apostoliques, & de leurs Ecclesiastiques ès années 1676. & 1677.* divisée en quatre parties, pendant le temps & espace de six années, à compter du jour qu'elles seront achevées d'imprimer pour la premiere fois ; & deffences sont faites à toutes sortes de personnes de les imprimer ou faire imprimer, d'en vendre & debiter d'autres impressions que de celles dudit sieur Angot, ou de ceux qui auront droit de luy ; aux peines portées par ledit Privilege, & aux charges y contenües.

Registré sur le Livre de la Communauté des Libraires & Imprimeurs de Paris, le 9. May 1680. suivant l'Arrest du Parlement du 8. Avril 1653. & celuy du Conseil Privé du Roy, du 25. Fevrier 1665.
      Signé ANGOT, Syndic.

Achevé d'imprimer pour la premiere fois le 10. Juillet 1680.

Joseph auguste

Bouvet 1816

2171. Relation des Missions et des Voyages des Evesques Vicaires Apostoliques, et de leurs Ecclesiastiques és Années 1676 & 1677. Paris, Chez Charles Angot, 1680. In-8, mar. rouge, fil., dos orné, tr. dor.

Exemplaire aux armes de J.-B. COLBERT.

Extr. du Catal. de la Biblioth. de Lignerolles.
1re Partie.
Vacation du 25 Avril 1894.

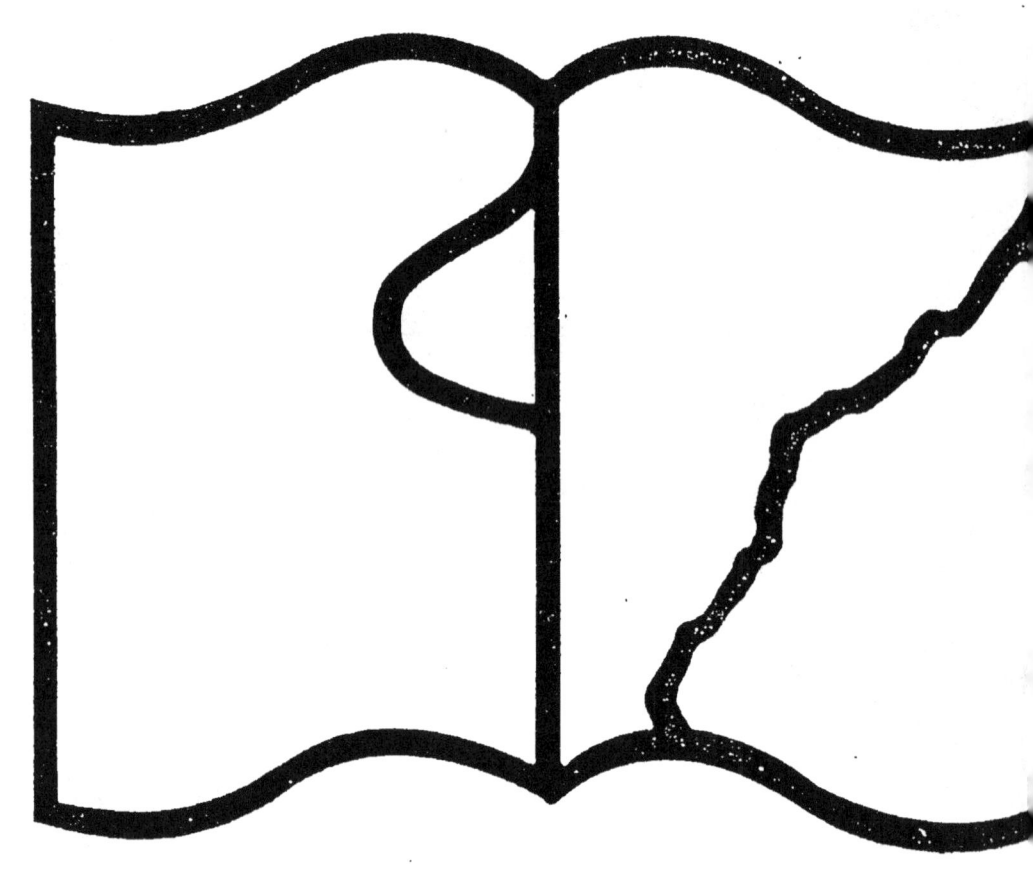

Texte détérioré — reliure défectueuse

NF Z 43-120-11

www.ingramcontent.com/pod-product-compliance
Lightning Source LLC
Chambersburg PA
CBHW050324170426
43200CB00009BA/1455